★成功经理人365天管理笔记系列(服务业经理人)

酒店营销经理

365天管理笔记

时代华商管理培训中心◎策划

滕宝红◎主编

◆采用“一日管理＋一周管理＋一月管理＋季度管理＋全年管理”编写风格，图文并茂、形式活泼。

◆内容阅读采用PDCA循环法，通过时间安排、工作重点、管理方法、管理心得四个部分为一个完整循环的学习方式进行导读。

◆本丛书编排新颖，思路清晰，是企业经理人不可多得的管理用书。

作为一本职业经理人的学习管理笔记，该书能指引经理们每天有计划地安排时间，认真记下工作中的琐事，再把自己想做的事情、计划做的事情、没有解决的问题记录下来，并定期检视，从而使他们成为一名成功的经理人。

廣東省出版集團

广东经济出版社

图书在版编目（CIP）数据

酒店营销经理365天管理笔记 / 时代华商管理培训中心策划，滕宝红主编．—广州：广东经济出版社，2012.10

（成功经理人365天管理笔记系列．服务业经理人）

ISBN 978－7－5454－1383－0

Ⅰ.①酒…　Ⅱ.①时…　②滕…　Ⅲ.①饭店—市场营销　Ⅳ.①F719.2

中国版本图书馆CIP数据核字（2012）第154842号

出版发行	广东经济出版社（广州市环市东路水荫路11号11～12楼）
经销	全国新华书店
印刷	深圳市建融印刷包装有限公司（深圳市罗湖区梨园路104号3楼东）
开本	787毫米×1092毫米　1/16
印张	11.5
字数	228 000字
版次	2012年10月第1版
印次	2012年10月第1次
印数	1～5 000册
书号	ISBN 978－7－5454－1383－0
定价	25.00元

如发现印装质量问题，影响阅读，请与承印厂联系调换。

发行部地址：广州市环市东路水荫路11号11楼

电话：（020）38306055　38306107　邮政编码：510075

邮购地址：广州市环市东路水荫路11号11楼

电话：（020）37601950　邮政编码：510075

营销网址：**http：//www.gebook.com**

广东经济出版社常年法律顾问：何剑桥律师

前　言

作为酒店中坚力量的部门经理，在酒店中起到承上启下的作用，他们的职业素质、管理能力和领导能力决定了酒店发展的速度，决定了酒店能否培养出一支优秀的员工队伍，决定了能否有效达成酒店的经营目标和提高业绩。

部门经理是酒店的执行者，由于各种原因，在管理工作中出现许多问题：要么出现缺乏规划，没有重点，看起来每天都很忙，但不知在忙什么，忙得没有效果；要么执行力严重缺乏，对领导的意图总是贯彻不到位或未及时落实；又或者不懂得设定目标，没有掌握达成目标的有效方法等。

出现这些问题的根本原因是，不会在年初做规划，不会在季初、月初、周初做计划，不会合理地安排下属的工作，不会合理地运用自己每天的时间，不会有效地跟进部门各项工作，不会在月末、季末、年末的时候做总结报告。当然，还有一些新上任的部门经理甚至不知道自己该在什么时候做计划、该在什么时候跟进工作、该在什么时候写总结，而只是被动地听从上级的安排，这自然不是一个优秀的部门经理应有的表现。

针对酒店部门经理的困境，我们设计了“成功经理人365天管理笔记”系列丛书酒店服务业，旨在引导部门经理们每日、每周、每月、每季、每年（年末）做应当做的事情及正确使用做这些事情的方法、技巧及应用的表格、表单和工具。

“成功经理人365天管理笔记”系列丛书酒店服务业目前主要涵盖6个管理岗位，包括前厅经理、客房经理、餐饮经理、营销经理、财务经理、连锁酒店店长。

“成功经理人365天管理笔记”系列丛书酒店服务业编排新颖，思路清晰，是酒店经理人不可多得的管理用书。该系列丛书打破传统书籍的理论讲述，不讲为何做，而讲怎样做，注重实操性。书中提供了大量的工作总结、工作计划范例以及可以直接运用到实际工作中的表单。

为了方便读者学习，本书在一些重点内容或需要注意的内容旁增加了“特别提示”栏目，方便读者注意重点、要点，加深学习印象。同时，本书在页面的右方设置了“随手札记”，供读者随时记录学习心得。请不要将这些表格忽略，要认真投入思考并记录下来，这绝对会有助于读者各方面能力的提升。

作为一本部门经理的学习管理笔记，该书能指引经理们有计划地安排时间，记录工作中的琐事，通过找方法，一步一步解决问题，再把自己想做的事情、计划做的事情、没有解决的问题记录下来，去寻找解决的办法，定期检视，使他们成为一名成功的经理人。

“成功经理人365天管理笔记”系列丛书酒店服务业适用于酒店部门经理、主管、领班，新入职的大中专学生，管理培训机构，职业管理院校的学生等阅读，也可作为管理人员的手边工具书使用。

“成功经理人365天管理笔记”系列丛书酒店服务业由时代华商管理培训中心策划，参与机构有北京京都黄河酒店管理（投资）集团公司、北京凯悦莱温泉度假酒店、深圳上海宾馆、秦皇岛四川大酒店、山西同汇酒店管理有限公司以及薛永刚、孙勇兴、方辉、赖娇珠、段青民等专家和酒店一线管理人员，全书最后由滕宝红统稿、审核完成。

当然，本系列丛书也有不足之处，希望广大读者对我们提出宝贵意见。在此，我们所有编者对您的关注予以真诚的感谢！

“成功经理人365天管理笔记”系列丛书

编委会

目　录

导读　365天管理阶段工作

第一章　一日工作安排与落实

忙！忙！忙！

忙些啥？

忙着组织新员工入职培训，忙着进行市场营销工作，忙着审阅各种报表，忙着控制各项成本，忙着制订部门培训计划，忙着准备绩效考核……

作为酒店营销经理的你，是不是处于以上所述盲目的忙碌状态呢？如果是，那么你就需要做好每天的工作计划了，只有按照详细计划一步步进行，才能条理清晰而不至于在手忙脚乱中出差错。相信通过本章的学习，你一定能摆脱这种忙碌的困境！

第二章　一周工作安排与落实

新的一周开始了，该怎样来做好这一周的工作呢？仔细想想，本周有哪些主要工作：要调整和完善本部门各项规章制度，要对各部门营销目标完成情况进行检查；需要为部门经理周例会做准备……

惨啦！事情这么多，怎样才能理清呢？仔细想想，哪些必须在第一时间内完成，哪些可以稍微往后延……

如果你每周都处于这种忙碌“晕”的状态，那就要做好一周工作安排与落实。通过本章的学习，相信你一定可以远离这种状态，从而让工作更加有条理，更加轻松愉快！

第三章 月度工作安排与落实

营销经理工作事情多且杂，需要与各个部门沟通协调，如果没有按时做好工作，将会影响其他部门的正常运转。如没有及时与前厅部核对客房状况，以致营销代表在营销时将已出租的房间再租出去，导致客户的投诉。

每个月的工作有常规的，也有突发的，营销经理要做到让自己忙而不乱，井井有条，就必须做好工作安排。

第四章　季度工作安排与落实

季度工作的安排，属于宏观性的，只有对一个季度的重点事项做到心中有数，才能按照季度安排做好每月、每周甚至每一天的工作。

作为营销经理，每一季度的重点工作都要有所侧重。但是，每一季度的工作中又有所重复。因此要想让自己能够从容应对，就必须将自己每一季度的工作事先做好安排。

第五章　年度工作安排与落实

年终又到了，营销经理又要开始对本年度营销部工作进行总结，同时要制订下一年度计划，实行年终员工绩效考核……这个时候可以说是营销经理忙得团团转的时候。

其实，你也可以不用让自己显得如此忙碌，怎么办？

提前将年终各项工作做好安排，就可以让每件事情按照计划进行。当然，预留一定的时间来应对突发事件，可以让你在年终更好地完成各项工作。

导读

365天管理阶段工作

一、一年365天时间分配

一年365天，时间是有限的，要怎样进行合理分配？作为酒店营销经理，这是一个必须要考虑的问题。

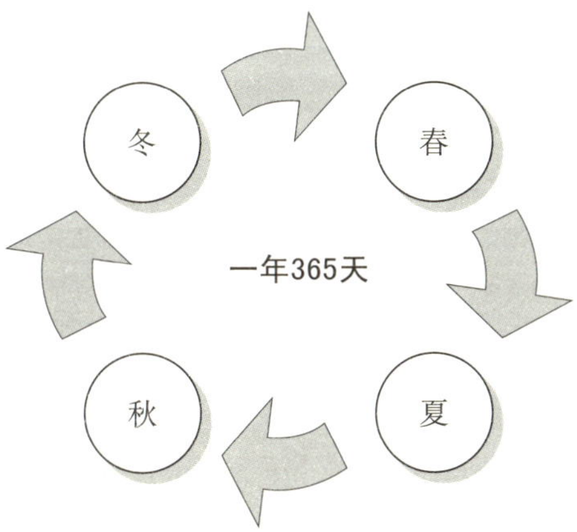

图1　一年365天循环图

二、国家法定节假日

酒店营销经理要对时间进行合理分配，首先要明确一年中的国家法定节假日有哪些。因此，可以先将一年中的国家法定节假日分列出来。一年中常规的国家法定节假日如表1所示。

表1　国家法定节假日

序号	假日名称	放假天数	日期
1	元旦	1天	1月1日
2	春节	3天	农历除夕，正月初一、初二
3	清明节	1天	4月5日
4	劳动节	1天	5月1日
5	端午节	1天	农历端午当日
6	中秋节	1天	农历中秋当日
7	国庆节	3天	10月1～3日

三、工作时间

工作时间，又称法定工作时间，是指员工为履行工作义务，在法定限度内，在用人单位从事工作或者生产的时间。

（一）工作时间计算

年工作日：365天－104天（休息日）－11天（法定节假日）=250天

季工作日：250天÷4=62.5天

月工作日：250天÷12=20.83天

（二）有效工作时间

有效工作时间就是称职员工完成一件工作的必需时间。如上班时间为8小时，通常情况下，大多数员工的有效工作时间是达不到8小时的，必须扣除等待、无意义的闲聊、串岗或处理个人私事的时间。

四、阶段工作法

酒店营销经理可以采用阶段工作法对工作进行安排。什么是阶段工作法呢？这里所说的阶段指的就是一日、一周、一月、一季度、年度各个不同的时间段。

酒店营销经理对每日、每周、每月、每季度和每年度的工作，做好时间安排及工作事项安排，对工作进行分阶段总结。

表2　酒店营销经理阶段工作安排

阶段	工作事项	备注	阶段	工作事项	备注
一日	（1）制订当日工作计划 （2）做好每日形象自检 （3）营销部每日早会 （4）用表格和表单管理 （5）与其他部门协调工作 （6）日常营销管理工作 （7）客户投诉处理 （8）酒店危机管理		一周	（1）制订一周工作计划 （2）主持营销部周例会 （3）参加部门经理周例会 （4）担任值班经理 （5）做好客户接待工作 （6）宴会营销工作 （7）开展客户拜访工作 （8）每周工作总结 （9）每周自我反思	
月度	（1）制订月度工作计划 （2）在职员工培训 （3）酒店会议营销工作 （4）旅行社营销工作 （5）旅游网站营销工作 （6）员工每月绩效考核 （7）每月工作总结		季度	（1）制订营销部季度目标计划 （2）受理员工离职 （3）营销部员工招聘 （4）新员工入职培训 （5）新员工转正工作安排 （6）开展营销推广活动 （7）网络营销 （8）重大节假日营销活动 （9）员工激励工作 （10）季度工作总结	
年度	（1）年度工作总结 （2）制订年度工作计划 （3）制订年度营销预算 （4）制订年度营销计划			（5）营销团队的建设与管理 （6）开展市场调查工作 （7）签订营销部安全责任书 （8）员工年度绩效考核	

第一章

一日工作安排与落实

忙！忙！忙！

忙些啥？

忙着组织新员工入职培训，忙着进行市场营销工作，忙着审阅各种报表，忙着控制各项成本，忙着制订部门培训计划，忙着准备绩效考核……

作为酒店营销经理的你，是不是处于以上所述盲目的忙碌状态呢？如果是，那么你就需要做好每天的工作计划了，只有按照详细计划一步步进行，才能条理清晰而不至于在手忙脚乱中出差错。相信通过本章的学习，你一定能摆脱这种忙碌的困境！

一、制订当日工作计划

营销经理在制订当日工作计划前，要对当日时间和工作事项进行仔细分析。根据工作事项的紧急性、重要性按先后顺序排列，重要和紧急的事项最先做，不重要和不紧急的放在最后做，以保证所有事项都能恰当而圆满地完成。

（一）时间清单分析

营销经理将一天的法定工作时间，按照每半小时为一段，进行分段，然后逐项将实际活动事项填入时间清单分析表中，如表1-1所示。在活动事项后面，准确填入该活动事项相应的计划用时、实际用时、超时时间以及超时原因。

（二）工作事项分析

1.工作清单分析

营销经理要分析一个法定工作日内所做的工作事项，各自用时如何，如果超时，则原因在哪儿。这可以采用工作清单分析表进行明确分析，见表1-2。

表1-1　时间清单分析表

姓名：　　　　　　　　　　　　　　日期：

序号	时间	活动事项	计划用时	实际用时	超时时间	超时原因
1	8:30～9:00					
2	9:00～9:30					
3	9:30～10:00					
4	10:00～10:30					
5	10:30～11:00					
6	11:00～11:30					
7	11:30～12:00					
8	12:00～12:30					
9	12:30～13:00					
10	13:00～13:30					
11	13:30～14:00					
12	14:00～14:30					
13	14:30～15:00					
14	15:00～15:30					
15	15:30～16:00					
16	16:00～16:30					
17	16:30～17:00					
18	17:00～17:30					
19	17:30～18:00					
	总计					

表1-2　工作清单分析表

姓名：　　　　　　　　　　　　　日期：

工作事项	计划时间	实际时间	浪费/延误	无计划用时	原因

（1）将所有工作填入工作事项栏内，包括累计用时超过10分钟的工作。如果没有超过10分钟可以不填入，但如果累计时间超过1小时，就要引起重视，应该在分析表中作特别说明。

（2）填入具体事项，如“到宴会部核实宴会准备情况”、“与前厅经理商量VIP客户的拜访问题”、“听取营销主管对客房销售情况的汇报”、“处理客人的投诉”等。

（3）只要简单说明浪费、延误的原因即可。如向总经理汇报下个月营销部的工作计划，预计50分钟，但由于没有把握好汇报用时，结果花了1小时，超时10分钟。

随手札记

2.工作（活动）分项分析

（1）营销经理可以将工作清单中的同类事项进行合并，然后填入工作分项分析表中，如表1-3所示。

（2）“无计划用时”只计算无计划用时总计数。各项工作活动的无计划用时，是指该项工作活动的实现没有计划时间。

（3）凡是超计划用时或者是记不起来的用时均计入“浪费/延误”中。

3.工作紧急性分析

营销经理分析出每天各项工作的紧急程度，根据不同程度安排工作先后顺序。可以将工作事项紧急性分为四类，将当日工作进行分类安排，列出一个分析表，如表1-4所示。

4.工作重要性分析

营销经理将当日工作事项根据重要程度，合理地安排工作用时。同紧急性一样，将工作事项分为四类，即非常重要、重要、不很重要、不重要，如表1-5所示。

表1-3　工作（活动）分项分析表

姓名：　　　　　　　　　　日期：

分析事项	计划用时		实际用时		浪费/延误		无计划用时		原因
	用时	排序	用时	排序	用时	排序	用时	排序	
召开部门早会									
安排每日营销计划									
拜访某旅行社									
查看去年同期客房销售情况									
调整营销部对客服务质量标准									
起草安全管理计划									
向总经理汇报工作情况									
听取各部门主管工作汇报									
审查营销部各类表格表单									
与酒店其他部门进行协调工作									
进行酒店形象宣传工作									
……									
总计									

表1-4　工作紧急性分析表

姓名：　　　　　　　　　　　　日期：

紧急性 工作事项	非常紧急 （马上要做）	紧急 （短时间内要做）	不很紧急 （可从长计议）	不紧急 （无时间要求）
某营销代表访问客户时，态度粗暴，导致客户投诉	√			
制定营销代表当月销售指标			√	
制定营销部员工操作规范			√	
配合人力资源部进行新员工招聘工作				√
……				

注：在相应的栏目中打“√”。

表1-5　工作重要性分析表

姓名：　　　　　　　　　　　　日期：

重要性 工作事项	非常重要 (绝对要做)	重要 (应该做)	不很重要 (可做可不做)	不重要 (可不做)
与预订客户核对预订信息	√			
电话联系有合作关系的旅行社和重要客户		√		
解决客人对营销部的投诉	√			
建立营销部拜访客户服务质量标准			√	
……				

注：在相应的栏目中打“√”。

随手札记

（三）制订每日计划表

营销经理根据前面对工作时间和工作事项进行分析之后，就可以制订一份个人每日工作计划表。每日计划表可以按照不同标准来制作，如按照时间，工作事项紧急性、重要性等。表1-6是某酒店营销经理按照时间做出的每日工作计划表，仅供参考。

特别提示：

现在，你可以制订一份自己的每日工作计划表，对自己一天的工作事项进行合理安排。

表1-6 每日工作计划表

时间		预定工作内容	执行结果
上午	8:00前做到	1.上岗前检查自身仪容仪表 2.与值班经理交接，了解交接班事务并签字	
	8:00～8:15	检查营销部员工仪容仪表及各工作准备情况	
	8:15～8:30	召开营销部早会，传达酒店会议要求和指示，并布置当天各部门工作任务	
	8:30～9:00	检查昨日客房销售信息	
	9:00～11:00	1.检查各类报表，掌握每天各类型客房的销售量 2.给预订客户打电话，确认预订信息	
中午	11:00～11:30	工作午餐	
下午	11:30～15:30	1.受理客人投诉，与相关部门沟通合作，积极予以解决，并做好详细记录 2.监督各项营业报表，并进行营业统计分析 3.参与住店客人的日常食宿安排，审定重要旅行团的住宿要求	
	15:30～17:00	1.协调营销部与酒店其他部门的业务关系，保证营销部各项工作顺利进行 2.督促、检查营销部各岗位的工作完成情况，对不符合酒店要求的要及时纠正	
	17:00～17:30	再次检查各项营业报表，对第二天的营业情况作出预测	
	17:30～18:00	做好一天工作情况汇总，记录在交接本上，与值班经理交接	

二、做好每日形象自检

营销经理每天出门之前，要在镜子前仔细照一照，看看自己的形象是否“过关”。良好的个人形象，不仅代表个人，还代表了整个酒店。因此，必须做好每日形象自检工作。

（一）整体形象

个人整体形象示例对比，具体如图1-1所示。

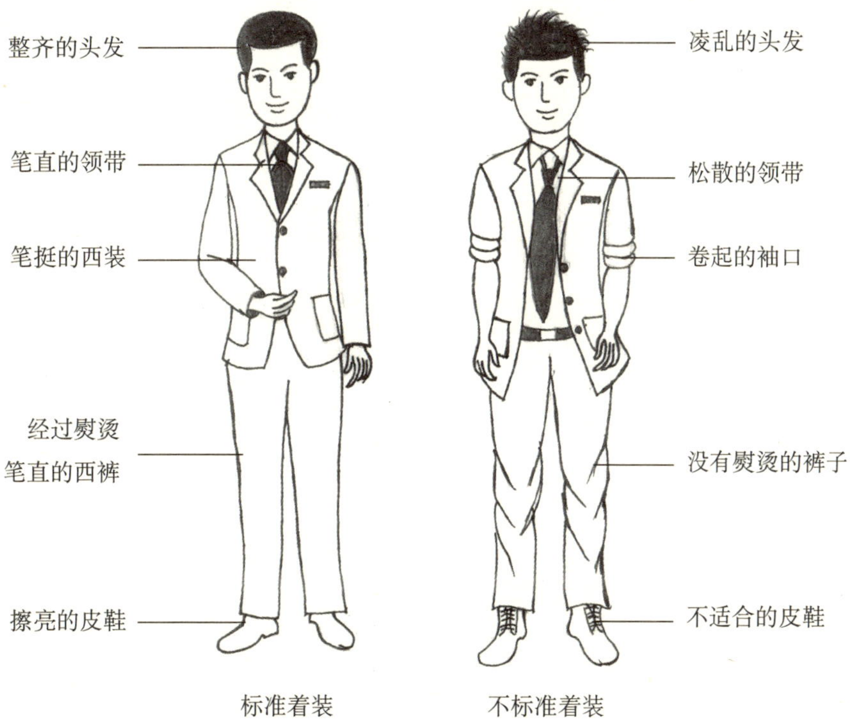

图1-1　整体形象

随手札记

（二）具体细节

形象往往体现于细节之中，因此要做好各种细节工作。下面列举一些细节事项，请参照对比。

1.头发

不准染发、烫发，头发不要过耳，不要遮住面部，不要长过领子。清爽、干净的发型更有朝气

图1-2　头发

2.胡须

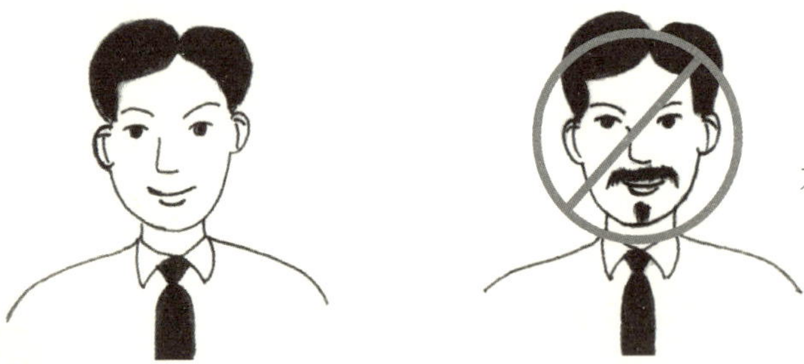

不蓄胡须

图1-3　胡须

3.牙齿

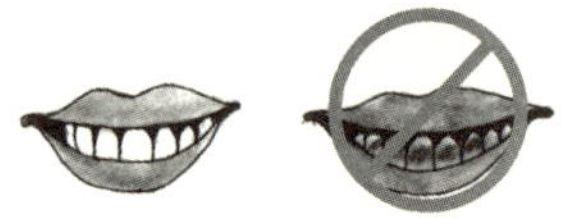

注意牙齿的清洁卫生，保持口气清新

图1-4　牙齿

4.鼻子

鼻毛不宜过长，注意鼻腔卫生

图1-5　鼻子

5.鞋

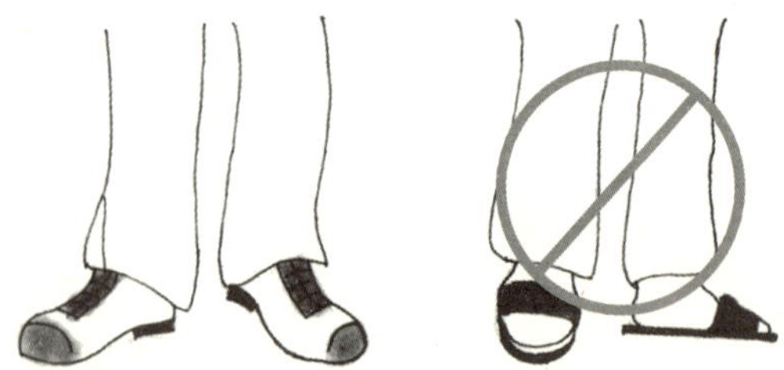

上班时不能穿拖鞋

图1-6　鞋

（三）形象自检表

营销经理可以根据形象自检表，来检查自己的形象是否符合要求。

1.男士形象自检

男士形象自检，具体如表1-7所示。

2.女士形象自检

女士形象自检，具体如表1-8所示。

表1-7　男士形象自检表

序号	项目	检查重点	备注
1	头发	（1）常洗常剪吗？有头屑吗 （2）额前头发遮盖眼睛吗？长短合适吗？是十五天修剪一次吗	
2	面部	（1）脸上有清洁、健康之感吗？会干涩或油光光吗 （2）认真刷牙吗 （3）常刮胡须吗	
3	衣服	（1）适合工作环境吗 （2）着装端正、肩上无头屑吗 （3）穿新衣服时，精心整理吗	
4	衬衫	（1）是否干净？平整挺括，无污垢、无斑点吗 （2）是否平展？纽扣齐全吗 （3）领带干净平整吗	
5	裤子	（1）无污垢、无斑点，平整挺括吗 （2）裤子的拉链、纽扣结实吗 （3）皮带结实吗	

随手札记

（续表）

序号	项目	检查重点	备注
6	衣袋	（1）衣袋内放有纸巾吗 （2）衣袋内有棉尘、脏物吗	
7	手	（1）指甲是否认真修剪了？手及指甲粗糙吗 （2）手指甲干净吗	
8	袜	（1）脚上的袜子干净吗？每天换洗吗 （2）袜子与衣服的颜色、款式协调吗	
9	鞋	（1）鞋子是否光亮整洁？鞋后跟是否磨损变形 （2）鞋与衣服的颜色、款式是否协调、适合	
10	其他	（1）面带微笑吗 （2）情绪饱满吗	

表1-8　女士形象自检表

序号	项目	检查重点	备注
1	头发	（1）是否常洗常剪？头上饰物会哗众取宠吗 （2）额前头发是否遮盖眼睛？长短合适吗？发型有妨碍工作吗	
2	化妆	（1）脸上有清洁、健康之感吗？保养面部皮肤了吗 （2）口红、眼影浓淡适合吗？口红颜色相宜吗（避免使用偏白荧光型口红）	
3	衣服	（1）适合工作环境吗 （2）常洗熨吗？肩上有头屑吗	

特别提示：

营销经理可以以个人形象自检表为标准，对本部门所有员工进行检查，并作出要求。因为无论是管理者还是员工，其个人形象都代表着整个酒店的形象。

三、营销部每日早会

早会在一天工作中占有非常重要的地位。在早会上，营销经理既要对前一天的工作进行分析总结，又要对今天的工作作出全面安排。早会效果的好坏直接关系到一天的工作成效，因此营销经理应高度重视。

营销部早会主要内容包括昨天的工作总结和今天的工作安排。例如昨天客房及其他产品的销售情况，拜访了几家潜在客户，预订客户的定金是否到账，客户投诉处理方案等。所有事项一定要具体，以便

（续表）

序号	项目	检查重点	备注
4	衬衫	（1）是否干净、平整挺括？无污垢、无斑点吗 （2）是否平展？纽扣齐全吗 （3）领巾干净平整吗	
5	裙子	（1）是否整洁、平整挺括 （2）有无绽线散开	
6	装饰品	（1）是否累赘、引人注目 （2）是否佩戴造型奇特的手表	
7	手	（1）指甲认真修剪了吗 （2）手指甲是否太长？指甲油是否过浓或出现脱落	
8	长筒袜	（1）颜色是否适当 （2）是否绽线	
9	鞋	（1）鞋子是否光亮整洁？鞋后跟是否磨损变形 （2）鞋与衣服的颜色、款式是否协调、适合	
10	其他	（1）面带微笑吗 （2）情绪饱满吗	

员工能完全领会，更好地完成工作。

下例是某酒店营销经理在一次早会上所讲的内容，供参考。

【范例 01】

××酒店营销部早会要讲的内容和要点清单示例

一、昨天的工作汇报

随手札记

1.昨天客房销售××间，超过了去年同期，这得益于本部门全体员工的辛勤工作。

2.××营销代表拜访了××公司，该公司已口头答应将本月会议安排在本酒店，××营销代表要及时跟进，拿下订单。

3.最近请假的情况比较多，可能是由于天气转凉，感冒的员工比较多。大家要注意保暖，及时添加衣物。

二、今天的工作安排

今天的工作任务比较紧，大家要打足精神：

第一，山西××市××大集团董事长今日入住本酒店，签下该单的××今天的主要工作是与前厅部合作，接待好这位贵宾。

第二，××今天去××旅行社一趟，商量下周××旅游团入住事宜。

第三，再次强调，我们是酒店的形象代表，因此，各位营销代表在进行推销业务时，一定要谦恭有礼，不可破坏酒店形象。

特别提示：

任何人不得以任何借口缺席早会，确实有事必须先请假。营销经理有事，必须交代好职务代理人，如副经理，并由他来主持早会。

每次早会都要做好记录工作，所有内容都要填入营销部早会记录表中，如表1-9所示。

四、用表格和表单管理

营销部的管理工作涉及大量表格和表单，营销经理在日常工作中及时掌握各部

表1-9　营销部早会记录表

日期		领班		主管	
早会内容：					
岗前培训					
工作安排					

门情况，制定、检查和调整各种计划和措施，都离不开这些原始记录。

表格和表单是实行规范化管理的一种定型和定式化的手段，备用以供员工及时具体地记录各种原始数据，为营销经理考核员工业绩、控制营业费用提供准确的信息。

（一）用表格和表单管理的作用

用表格和表单管理的作用，见表1-10。

表1-10　表格和表单管理的作用

序号	作用	具体内容	备注
1	实行规范化管理和操作的保证	整理和检查营销部的表格和表单是不是按照营销部规定的服务质量标准设计和制作的 （1）营销经理和员工在进行整理、检查营销部的工作中，都必须填制必要的表格和表单，这样就可以使他们按服务标准、服务程序和方法办事 （2）由于表格和表单都是用事实和数据说话，可以定性定量地反映客观事实，用以评估营销部整理、检查质量的高低，揭示营销部运转的规律，从而及时发现服务和管理中存在的问题，为营销部实行科学管理提供客观依据	
2	考核的依据	营销部整理和检查的表格和表单是关于本部门服务和管理活动的各种原始数据和事实的真实记录，是对营销部员工进行评估和考核的依据	
3	控制成本手段	营销经理可以通过各类表格和表单明确获知各项成本开支的具体情况，以采取措施进行控制	

随手札记

（二）营销部常用表格和表单

许多营销经理每天都要查看表格和表单，通过查看这些表格和表单能及时掌握各部门情况。见表1－11、表1－12、表1－13、表1－14。

（三）表格和表单管理方法

1.分级归口管理

营销部常用表格和表单必须在营销经理领导下实行分级归口管理，主要包括以下四个要求：

（1）要统一设计、统一审查、统一编号。

（2）内容要科学合理、简洁易懂。

（3）数字要真实准确，项目含义和计算方法要符合统一规定，数字的来龙去脉要做到有据可查。

（4）据业务分工将各类表格和表单分别划归各业务部门、各岗位进行填写整理。

2.建立记录责任制

营销部表格和表单从记录到检查核实，从保管到加工整理，都要有专人负责，形成一个系统的原始记录网。

表1-11　散客价与团队房价表

房价表单位：元/间

期间	规格	酒店对内房价	酒店对外公布价	备注
年　月　日至　年　月　日	双人间			
	单人间			
年　月　日至　年　月　日	双人间			
	单人间			
年　月　日至　年　月　日	双人间			
	单人间			
年　月　日至　年　月　日	双人间			
	单人间			
年　月　日至　年　月　日	双人间			
	单人间			
年　月　日至　年　月　日	双人间			
	单人间			
年　月　日至　年　月　日	双人间			
	单人间			
年　月　日至　年　月　日	双人间			
	单人间			

表1-12　每日销售报告单

编号：

单位名称		联系部门	
地址			
联系电话		联系传真	
联系人及职务	1. 2.		
现状			
趋势			
客户具体要求			
合作意向程度			
价格	□团体　□散客　□门市价　□折扣价		
备注			

营销代表日期：

表1-13　公关活动情况统计表

年　　月

日期	公关媒体	宣传内容	活动形式	费用	次数	备注

表1-14　客房月统计表

日期：

<table>
<tr><th colspan="2">客房</th><th>当天</th><th>本月累计</th><th colspan="2">客人</th><th>当天</th><th>本月累计</th></tr>
<tr><td colspan="2">客房总数</td><td></td><td></td><td colspan="2">可容客人总数</td><td></td><td></td></tr>
<tr><td colspan="2">酒店自用房</td><td></td><td></td><td colspan="2">酒店自用房人数</td><td></td><td></td></tr>
<tr><td colspan="2">可出租房</td><td></td><td></td><td colspan="2"></td><td></td><td></td></tr>
<tr><td colspan="2">待修理房</td><td></td><td></td><td colspan="2"></td><td></td><td></td></tr>
<tr><td colspan="2">团体客</td><td></td><td></td><td colspan="2"></td><td></td><td></td></tr>
<tr><td colspan="2">散客</td><td></td><td></td><td colspan="2"></td><td></td><td></td></tr>
<tr><td colspan="2">常住户客</td><td></td><td></td><td colspan="2"></td><td></td><td></td></tr>
<tr><td colspan="2">已出租客房</td><td></td><td></td><td colspan="2">客人每人平均房价</td><td></td><td></td></tr>
<tr><td colspan="2">未出租客房</td><td></td><td></td><td colspan="2"></td><td></td><td></td></tr>
<tr><td colspan="2">已出租客房平均房价</td><td></td><td></td><td colspan="2">当天客人总数</td><td></td><td></td></tr>
<tr><td colspan="2">团体客房百分比</td><td></td><td></td><td colspan="2">客人占用百分比</td><td></td><td></td></tr>
<tr><td colspan="2">散客客房百分比</td><td></td><td></td><td colspan="2">单人房占用百分比</td><td></td><td></td></tr>
<tr><td colspan="2">可出租客房平均房价</td><td></td><td></td><td colspan="2">双人房占用百分比</td><td></td><td></td></tr>
<tr><td colspan="2">散客客房单人房双人房</td><td></td><td></td><td colspan="2">新入住客人人数</td><td></td><td></td></tr>
<tr><td colspan="2">团体客房单人房双人房</td><td></td><td></td><td colspan="2">实际离店人数</td><td></td><td></td></tr>
<tr><td colspan="2">预订空房数</td><td></td><td></td><td colspan="2">预订而未来的客人数</td><td></td><td></td></tr>
<tr><td colspan="2">未预订而到</td><td></td><td></td><td colspan="2">没预订到达的客人数</td><td></td><td></td></tr>
<tr><td>当天客房收入</td><td colspan="2"></td><td>上月的今天</td><td colspan="2"></td><td>去年的今天</td><td></td></tr>
<tr><td>房号</td><td colspan="2">客人姓名和理由</td><td>回扣百分比</td><td>房号</td><td colspan="2">客人姓名和理由</td><td>回扣百分比</td></tr>
<tr><td></td><td colspan="2"></td><td></td><td></td><td colspan="2"></td><td></td></tr>
</table>

制表人：　　　　　　　　　　　　审核人：

特别提示：

日常表单要求员工在工作过程中或工作结束时立即按规定填写，需汇总的表单一般要求在规定的时间进行填写，并按规定的流程及时传递。

3.加工整理，形成管理资料

表格和表单记录的只是一种原始资料，必须进行加工整理，才能成为系统的管理资料，才能使其发挥应有的作用。原始记录的整理一般分为三个阶段，如图1-7所示。

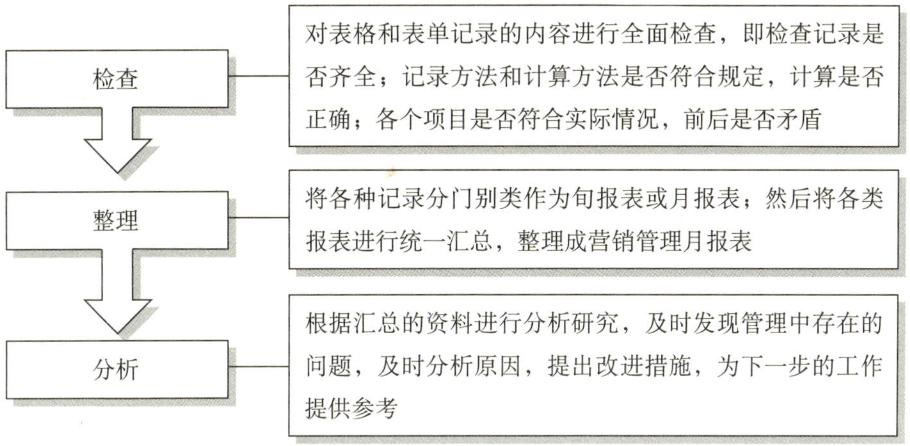

图1-7　原始记录的整理

五、与其他部门协调工作

营销经理必须与酒店内其他部门密切配合，如住宿与前台、客房，用餐与餐厅，会议与工程、音响等。营销经理常常代表客人的要求和利益，而客人的要求有时非常挑剔，有可能影响其他业务部门的正常运作。因此，市场营销的作用在于沟通酒店和客源间市场的供求关系，以求得酒店的最佳经济效益，因而酒店的市场营销是酒店经营管理的核心，见表1-15。

六、日常营销管理工作

（一）商务客户营销管理

酒店商务客户主要是指各类公司商务办事处、商业机构和各种社团、公司等。这些客户因为工作需要，一般会经常出差。对他们的营销工作是营销经理日常工

随手札记

表1-15　营销经理与其他部门的关系

序号	部门	具体事项
1	营销经理与餐饮部	(1) 会议室预订（取消）：营销经理根据会议接待预订的要求，将预订（取消）单传送至餐饮部 (2) 会议室布置：由餐饮经理负责协调落实会议室布置 (3) 有团队会议或宴会等活动时，营销经理要提前（至少3天，特殊情况除外）将团队会议或宴会通知单传至餐饮部，请餐饮部配合营销部做好团队会议或宴会接待 (4) 宴会或自助餐的预订及取消：接到无住房的宴会或自助餐的预订（包括早餐预订），由营销经理根据客人的要求将预订（取消）通知单传递给餐饮部；有住房的早餐预订由前厅部将预订（取消）通知单传送至餐饮部（每日早餐结束后由餐饮部制表送前厅确认用餐人数后，送财务部作为月底划账凭证）；午餐和晚餐预订由营销经理根据客人的要求将预订（取消）通知单传递给餐饮部；临时预订的可先电话通知餐饮部再行补单 (5) 厅面布置：归属餐饮部的重大节庆活动和特别节庆活动及美食节等活动的厅面布置所需的道具及装饰物品，由美工与餐饮部负责人双方协商拟出清单，交由餐饮部申请采购，美工参与购回物品的验收，工程部与餐饮部协助美工完成现场布置 (6) 厅面布置物品保管：活动结束由餐饮部和美工协助把可再利用的物品清点列表归入各部门或仓库保管 (7) 餐饮部需要美工制作作业时，需提前填写“美工工作申请表”及相关作业内容交由营销经理落实 (8) 餐饮部在服务中尽量收集并整理客人喜好等信息，发送给公关销售处做客户（VIP）档案的完善
2	营销经理与前厅部	(1) 前厅部处理不了的客人投诉事件，请及时反馈至相关营销人员或营销经理以便协助解决；已经处理妥善的投诉事件也请将此信息反馈至营销经理，以便更好地维护客户关系 (2) 需签住房协议、婚宴、会议、长住房等客人参观酒店时，前厅部请及时通知营销经理，如营销经理无法抽调人员，由大堂副理或前台其他人员带客人参观，之后将客人资料转交营销经理。请客人留资料时尽量详细 (3) 营销经理应请前台员工了解并熟记相关销售政策，如VIP价格与协议公司价格具备条件的区别等 (4) 客人入住中途签住房协议当日是否享受协议价，以及VIP客人当日申请可否享受当日VIP价需另议，由营销经理通知前厅部 (5) 前台应尽量收集并整理客人喜好等信息，重要客人信息请发送营销经理 (6) 营销经理如签订挂账协议，前台可复制一份查阅，以便核对挂账人签名 (7) 销售人员在住房高峰期出现相互抢房的现象，将由营销经理内部自行沟通协调，不得强行要求前台安排

（续表）

序号	部门	具体事项
2	营销经理与前厅部	(8) 营销经理外出无法及时下订单时，事后要及时补单 (9) 营销经理下订单或通知单时必须书写工整，特殊事项清楚明白 (10) 有会议或宴会等活动时，营销经理要提前（至少 3 天，特殊情况除外）将团队会议或宴会通知单传至前厅部（前台主管或预订部负责人），请前厅部配合营销经理做好会议宴会接待 (11) 关于协议商务散客会议，团队的早餐订餐人数及有关早餐的其他情况由前厅下单给餐饮部 (12) 当住房率达到 75%，营销经理输入预订信息时，需与前厅确认房况 (13) 营销部公关主管在输入预订当天到达的团队信息前，需电话通知提醒前厅部，注意排房和接待。关于客房布置（撤下酒吧内物品和其他付费的物品等的要求）：在接待会议和旅游团的时候，由营销经理在录入预订时，在备注栏注明以上的要求，具体的通知由前台接待在排好房后通知客房处理 (14) 前厅部在服务中尽量收集并整理客人喜好等信息发送给公关销售处做客户（VIP）档案的完善
3	营销经理与财务部	(1) 业务佣金：旅行社订房、网络订房等按双方“酒店与客户”所签协议统计、核算 (2) 赊账公司追索挂账：按公司制度执行赊账核算，营销经理配合财务收账 (3) 餐饮经理根据协议配合财务核实营销部所发生的款项费用 (4) 营销经理应及时向财务报送费用预算 (5) 营销经理每月 10 日前向财务报送上月“月美工制作费用分摊一览表”（报表格式由财务提供） (6) 有团队会议或宴会等活动时，营销经理要提前（至少 3 天，特殊情况除外）将团队会议或宴会通知单送至财务部，请财务部配合营销经理做好团队会议或宴会接待 (7) 会议或宴会接待时，收银员需明确有效签单人及可签单人等的姓名、联系方式及签单字样等；如不确定，需及时向营销经理索取；另宴会会议通知单上要求保密的事项，收银员要绝对保密 (8) 营销经理需督促部门员工遵守酒店的财务制度
4	营销经理与客房部	(1) 关于客房布置（撤下酒吧内物品和其他付费的物品等的要求）：在接待会议和旅游团的时候，由营销经理在录入预定时，在备注栏注明以上的要求，具体的通知由前台接待在排好房后通知客房部处理 (2) 制服的保管和送洗遵照房务的要求

（续表）

序号	部门	具体事项
4	营销经理与客房部	(3) 有团队会议或宴会等活动时，营销经理要提前（至少3天，特殊情况除外）将团队会议或宴会通知单送至客房部，请客房部配合营销经理做好团队会议或宴会接待 (4) 客房部在服务中尽量收集并整理客人喜好等信息发送给公关销售处，做客人（VIP）档案的完善
5	营销经理与保安部	(1) 确保有业务往来的车辆的保管，无投诉 (2) 营销经理要与保安部确定贵宾接待时的停车位预留，以便能让贵宾及时方便地停好车辆 (3) 有团队会议或宴会等活动时，营销经理要提前（至少3天，特殊情况除外）将团队会议或宴会通知单送至保安部，请保安部配合营销经理做好团队会议或宴会接待 (4) 做好会议接待期间的车辆疏导和车位安排工作，方便与会来宾的车辆停放 (5) 如遇客人物品遗失或其他需要保安部配合调查事项时，请保安部配合大堂副理进行协调处理，并及时反馈至营销经理负责人 (6) 保安部在服务中尽量收集并整理客人喜好等信息，发送给公关销售处做客户（VIP）档案的完善
6	营销经理与工程部	(1) 挂起与取下门口宣传条幅：营销经理根据业务接待的时间，通知工程部要求挂起门口宣传条幅，美工现场确认位置。结束后，工程部负责取下条幅交由美工保管 (2) 节假日公共场所的布置与拆卸：有关节假日与庆典的大堂及门口等公共场所的布置（如圣诞节等），由营销经理、美工负责布置，工程处协助完成 (3) 公共场所布置的拆卸：工程部协助公关销售处进行拆卸，美工把可再利用的物品清点列表后，交仓管入库保管。美工保存一份备查营销经理 (4) 有会议或宴会等活动时，营销经理要提前（至少3天，特殊情况除外）将团队会议或宴会通知单传送至工程部，请工程部配合营销经理做好会议宴会接待 (5) 会议或宴会负责人要求提前进行现场布置时，营销经理以口头方式通知工程部，工程部须安排工程师到场协调，销售人员在现场配合 (6) 会议或宴会开始时，工程部需提前30分钟安排一名工程人员进行现场跟踪，保证会议或宴会设备的正常运作；会议或宴会期间全程跟踪 (7) 工程部在服务中尽量收集并整理客人喜好等信息，发送给公关销售处做客户（VIP）档案的完善

（续表）

序号	部门	具体事项
7	营销经理与采购部	(1) 有关各种大型活动的印刷品（横幅、海报、招贴）等所需物品，营销经理应在活动开始前 15 天，安排美工设计好方案交采购部负责采购，采购部应在活动开始前 3 天采购到位，并由美工参与验收 (2) 有关已审批的重大节庆活动和特别节庆活动的厅面布置所需物品，应在活动开始前 15 天，由美工出清单交采购部负责采购，采购部应在活动开始前 3 天采购到位，并由美工参与验收 (3) 有会议或宴会等活动时，营销经理要提前（至少 3 天，特殊情况除外）将团队会议或宴会通知单传送至采购部，请采购部配合营销经理做好会议宴会接待 (4) 如遇团队会议或会议需采购相关物品时，营销经理要提前（至少 3 天，特殊情况除外）将采购单传送至采购部；如采购部不清楚所采购物品明细要求的，可与销售负责人当面确认
8	营销经理与人力资源部	(1) 根据工作需要向人力资源部提出用工申请，参与录用员工面试，并负责做好新进员工的岗前技能培训以及现聘员工的岗位资格培训工作 (2) 根据本部门工作需要和人力资源部安排，做好部门之间员工岗位调整工作和转岗培训工作 (3) 及时做好本部门考勤统计、汇总，并积极配合做好工资、奖金的审核，上报人力资源部 (4) 按酒店有关政策和规定，积极配合人力资源部办理本部门员工因故离岗、离职，终止、解除合同，在职员工退休、死亡等各种手续，以及处理相关的劳动争议 (5) 做好本部门员工餐券发放工作，以及新进、调岗、离岗人员的工作服和更衣箱钥匙的发放和回收工作 (6) 协同人力资源部做好本部门员工的职称和技术等级评定考核与审核申报
9	营销经理与总经理办公室	(1) 如有重大接待任务，营销经理应在通知内容上写清宴请时间、地点、人数、标准、菜单、宴请单位等 (2) 如有重要领导人预订客房，营销经理应写清姓名、职务、到／离店的具体时间，提醒店领导迎送准备 (3) 营销经理应写清宴请或重大活动所需要的舞台布置、会标、标示牌等要求和具体完成时间，报请审阅 (4) 营销经理撰拟的以酒店名义行文的文稿，应送总经理办公室审核后报酒店领导签发 (5) 营销经理制订的各种营销计划，需送总经理办公室批准

作的重要组成部分。

1.制定营销标准

为了使所有的营销代表能够顺利开展营销业务，营销经理应制定一套营销标准，让营销代表们按照该标准工作。

（1）营销访问前。

——制订具体、明确的营销访问计划，包括访问对象、访问时间、访问地点、行走线路、交通工具等。

——礼貌、友好地提前与客户电话联系，进行预约，使对方有所准备，并做好安排。

——详细、准确地查阅有关资料，了解客户情况，包括该客户过去与本店的业务关系，以及目前该客户新的状况。

——全面、充分准备好促销资料，如宣传册、价目表、协议书、名片，以及小礼品。

——检查自己的仪容仪表是否符合要求，是否整洁、大方。

（2）拜访中。

——轻轻敲门，经客户同意后进入办公室，举止文明、大方。

——对老客户应向对方表示问候，对初次访问的新客户应作自我介绍，并双手递上名片与对方交换；要求主动、热情、礼貌。

——礼貌、真诚地用双手接过对方名片，并按名片称呼对方的姓名和职务或称先生、小姐。

——简单明了说明登门拜访的目的。

——介绍酒店的产品和优惠政策，突出重点，并递上宣传资料。

——礼貌地询问客户的客源情况和需求。

——针对客源情况和客户需求提供优惠条件和价格，主动、诚恳地询问对方是否愿意签订合作协议。

——如客户表示同意，迅速将准备好的协议书双手递上，供客户审阅。

——如无异议，双方签字盖章；要求准确无误。

——如有礼品，赠送一份以示感谢。

——礼貌、大方地与客户告辞。

（3）拜访后。

——及时、准确地巩固拜访中获得的成果，如有预订或协议，尽快将预订或协议书通知前厅、财务、餐饮等有关部门。

——撰写销售报告，将拜访的真实情况和本人的处理结果以及对问题的建议或设想一并向部门经理进行书面汇报，要求内容详细，观点明确。

——整理归档，做好记录，对需跟踪促销的客户要做详细记录，制订下期促销计划；保持资料完整，便于查阅。

2.营销步骤

营销步骤见图1-8。

3.客房预订

对客户联系网络中的接待服务对象或主动前来要求预订房间的客户，应以营销部接待为主。营销经理或营销代表要了解和掌握客户的要求，并为其办理预订手续。营销经理应将预订单的第一联原件留在营销部作为原始资料备案，第二联送往前厅部，并建立客户资料档案。

确定对象：营销经理根据本酒店的具体情况，确定酒店商务客户的推销对象，如国内大中型商业公司和国际中型公司商务客户等，然后召开销售分析会，由销售代表通报客户情况，汇总各类销售、预订数据，分析存在问题，并做好统计报表

↓

联系客户：营销经理应督促负责商务客户的销售代表，按照岗位职责和负责管理的范围，随时广泛收集商务客户的信息，整理、汇集、筛选有消费需求的商务客户，并主动上门走访，建立客户联系网络，逐步形成酒店稳定的目标市场

图1-8　营销步骤

4.客户接待

商务客户住店，由前厅部负责接待，营销经理负责协调配合。遇重要的商务客户住店，营销部经理应及时报告总经理，并制定具体接待方案。

5.签订协议

一旦商务客户同意住店，营销经理或营销代表应立刻准备一份协议书供该客户签订，如下例所示。

【范例 02】

××酒店商务客户协议书

尊敬的阁下/贵公司：

公司联系人：　　　　电话：

酒店联系人：　　　　电话：

××酒店深表荣幸为阁下/贵公司提供商务客户计划，阁下/贵公司将于××××年××月××日前享受本酒店所

随手札记

提供的一切优惠。

××酒店将提供给贵公司一个特别房价及其他优惠服务，令贵公司与客户在本酒店能度过一段美好时光。

一、客户入住期间可享受下列优惠

1.标准单人房/标准双人房特别优惠价220元/间·天（普通楼层），250元/间·天（商务楼层），290元/间·天（贵宾楼层），其他房类5折优惠。

2.餐饮9折优惠（燕、翅、鲍、特种海鲜、香烟、酒水类恕不打折）。

3.节假日优先获得订房/订餐权利。

4.商务中心服务8折优惠（电信/机票除外）。

5.免费保险箱服务。

二、订房/订餐手续

1.贵公司客人入住的日期请提前一天以电话或传真形式将预订的房数量、房间种类、旅客姓名等资料通知酒店或直接传至前台，联系电话：××××××××

2.一般情况下，所有公司的订房将保留至18：00，除非公司订房时注明确保订房。

3.大型订餐收取20%的定金。

三、付款方式现付

四、国家法定节假日，按门前浮动价计收

五、本协议一式两份，双方各执一份。本协议如有未尽事宜，双方友好协商解决

谨此致谢贵公司参与本酒店的商务客户优惠计划，××酒店全体员工期待阁下及贵宾们的光临！

签章：	签章：
地址：	地址：
	传真：
日期：	日期：

××酒店优惠卡申请表（附）

<table>
<tr><td colspan="5">公司名称：</td></tr>
<tr><td colspan="5">地址：</td></tr>
<tr><td colspan="2">电话：</td><td colspan="3">传真：</td></tr>
<tr><td colspan="5">持　卡　人</td></tr>
<tr><td>姓名（正楷）</td><td>性别</td><td>签名</td><td>职务</td><td>备注</td></tr>
<tr><td></td><td></td><td></td><td></td><td></td></tr>
<tr><td></td><td></td><td></td><td></td><td></td></tr>
<tr><td></td><td></td><td></td><td></td><td></td></tr>
</table>

<table>
<tr><td>法人代表签名</td><td>单位盖章</td><td>酒店批准人</td><td>酒店盖章</td></tr>
<tr><td></td><td rowspan="5"></td><td></td><td rowspan="5"></td></tr>
<tr><td>联系人</td><td>联系人</td></tr>
<tr><td></td><td></td></tr>
<tr><td>TEL：</td><td></td></tr>
</table>

备注：（1）商务客户公司可免费申请优惠卡两张，超过两张，按酒店规定缴交一定的工本费。
（2）持卡人需在优惠卡背面亲笔签名。
（3）新增加持卡人应重新办理申请领用公司优惠卡手续。
（4）持卡人遗失优惠卡时，应及时以书面形式向本店报失，挂失前发生的损失由使用单位负责。

（二）散客营销管理

散客市场是酒店客房追求高利润、比较稳定的客源市场。在酒店日常客房销售中，散客的客房房价通常是最高的，与团队客房相比，房价收入虽然相同，但因所花费的人力、物力成本的差异，一间散客客房的收入通常相当于三间团队客房的收入。可以说酒店的散客所占的比例决定酒店平均房价和酒店客房的总体收入。

酒店散客按其住店需求与构成来划分，大致可分为家庭型、情侣型、团体型、熟客型、旅游型等几种类型。营销经理根据不同类型散客住店特点，可分别采取如下做法，如表1-16所示。

表1-16　散客营销管理表

类别	内容
家庭型	这种类型的客人多以一家三口为主，他们讲求住店经济实惠。对于这类客人，营销经理可作为普通经济型客房的推荐对象，并免费赠送早餐，女主人对于这种实惠的赠送方式会很感兴趣
情侣型	这种类型的客人往往喜欢有一张大床的房间，而早餐对他们来说不会有太大吸引力，因为年轻人多数有晚起的习惯，不吃早餐。如果改送他们两张健身房门券或吧台赠饮券，相信他们定会欣然前往
团体型	这种类型的客人一般有五六个人，目的是为开间房在一块儿聊聊。营销经理可向其推荐套房，厅房供其娱乐，卧室又可用于休息，这样可完全满足这类客人的需求
熟客型	这类客人是固定散客，个人随时可登记住店，无协议约束。营销经理可给予这类客人比其他散客低几十元的房价，即“熟客价”，这样做不但会使熟客感到有面子，而且也能使其感到酒店对他们的重视

随手札记

（续表）

类别	内容
旅游型	如果地处旅游城市，那些第一次来此旅游的客人，对吃、住、玩等各方面都不太了解，营销经理可向这类客人推荐当地的各种套票消费（一定要注意调查套票质量，以免影响酒店的服务质量声誉），吃、住、玩全包。这样，客人的心里就会踏实许多，也可方便客人侧面了解当地的旅游情况。或者，营销经理可视季节时段，在旅游旺季提供免费旅游观光市内主要景点等获取客人的青睐

七、客人投诉处理

酒店每天都有大量客人进出，投诉状况可能每天都会发生。客人对服务的需求是多种多样、千差万别的，不管酒店的档次有多高，设备设施有多么先进、完善，都不可能百分之百地使所有的客人满意。因此，客人的投诉是不可能完全避免的。即使是世界上最负盛名的酒店也会遇到投诉。

投诉并不可怕，关键在于酒店要善于应对，要能够把投诉的消极面转化成积极面，通过处理投诉来促使自己不断提高服务质量，以防止类似投诉再次发生。同时在应对一次次投诉中，酒店也可以不断积累经验，就算同类事件再次发生，也能妥善应付。

处理投诉是营销经理的主要工作之一，因为营销经理负责对酒店形象的宣传和维护，任何投诉都有可能危及到酒店的形象和声誉。酒店各部门所遭到的投诉最终都可能会聚集到营销经理这里来。因此，营销经理要具备极高的投诉处理水平才能做好投诉处理工作。

（一）客人投诉的类型

客人投诉类型，如表1-17所示。

表1-17　客人投诉类型

序号	投诉类型	特点
1	批评型投诉	客人心怀不满，比如餐饮部饭菜质量不太合他的胃口，但也不是很难吃，客人情绪相对平静，只是把这种不满告诉酒店，不一定要酒店作出什么承诺
2	建设型投诉	客人一般不是在心情不佳的情况下投诉的，恰恰相反，这种投诉很可能是随着对餐饮部服务工作的赞誉而发生的
3	失望型投诉	客人与销售人员签订的住房协议中要求的服务项目，如24小时供应热水，酒店没能做到。这种情况会引起客人的失望与恼火。处理这类投诉的有效方法是立刻道歉，尽快使客人消气，并立即采取必要的补救措施

（续表）

序号	投诉类型	特点
4	理智型投诉	当客人受到冷落或不礼貌的待遇后，会产生不满的情绪，但是不会因此而动怒。理智型投诉是客人在比较冷静的情况下提出的投诉，一般都是较为合理的要求。该类客人比较通情达理，只要营销经理立即采取改进措施，就会得到他们的谅解。但若处理不当，客人就可能会要求酒店赔偿，使事态扩大
5	补偿型投诉	提出补偿型投诉的客人觉得自己的利益受到了损害，言辞会较为激烈，但其注意力并不集中在酒店是否能够给予合理的解释，而是希望得到实质性的补偿

（二）理智应对客人投诉

不管是哪种类型的投诉，营销经理都应当理智对待。客人是酒店的衣食父母，自然有理由抱怨。营销经理应能充分理解，并随时做好准备，接受客人的投诉。客人投诉时，应采取良好的态度应对，切不可粗暴无礼。具体见表1-18。

应当清楚，除非客人物品因酒店原因遗失或损坏应给予相应的赔偿外，退款或减免收费不是处理投诉的最佳办法。酒店的服务目标，应该是在客人满意最大化的前提下，达到企业利益的最大化。

优质服务必须达到“双方满意”。营销经理和部门员工均需牢记基本使命：为客人创造价值，为酒店创造价值。尽管有时服务人员在处理客人投诉时非常到位，以退款或减免收费的措施赢得了客人的满意，但如果服务成本过高而导致入不敷出，最终会对酒店的收益产生不良影响。

（三）投诉处理技巧

客人在遇到不满的事情时，就会显得

随手札记

表1-18 理智应对客人投诉

序号	类别	内容
1	保持冷静的态度，设法使客人消气	处理投诉只有在心平气和的状态下，才能有利于解决问题。因此，营销经理在接待投诉客人时，要冷静、理智，礼貌地请客人坐下，再倒一杯水请他慢慢讲。此时重要的是让客人觉得你很在乎他的投诉。不要急于辩解，否则会被认为是对他们的指责和不尊重。另外，营销经理要与客人保持目光交流，身体正面朝向客人以示尊重。先请客人把话说完，再适当问一些问题以了解详细情况。说话时要注意语音、语调、语气
2	同情和理解客人	当客人前来投诉时，营销经理应当把自己视为酒店的代表去接待，欢迎他们投诉，尊重他们的意见，并同情客人，以诚恳的态度向客人表示歉意，注意不要伤害客人的自尊。对客人表示同情，会使客人感到你和他站在一起，从而减少对抗情绪，有利于问题的解决。例如营销经理可以说："这位先生（女士），我很理解你的心情，如果是我可能会更气愤。"
3	对客人的投诉真诚致谢	尽管客人投诉有利于改进酒店服务工作，但由于投诉者的素质水平、投诉方式各不相同，难免会使接待者有些不愉快。不过假若客人遇到不满的服务，他不告诉酒店，而是讲给其他客人或朋友听，就会影响到酒店的声誉。所以当客人投诉时，营销经理不仅要真诚地欢迎，而且还要感谢客人
4	要维护酒店应有的利益	营销经理对客人的投诉进行解答时，必须注意尊重事实，不能推卸责任或随意贬低他人，应从酒店的整体利益出发，避免产生矛盾，否则，客人会更加反感

比较焦虑和暴躁。为此，营销经理必须懂得宽容和设身处地为客人着想。只有充分理解客人的角色特征，掌握客人的心理特点，并给予理解、宽容，才能打动客人的心而赢得客人的谅解。

对不同客人投诉情况应对技巧，如表1-19所示。

八、酒店危机管理

酒店的危机管理是指：酒店通过对危机的监测、防范、决策和处理，达到避免和减少危机产生的危害，甚至将“危”转化为“机”的管理过程。

营销经理作为酒店公关事务的主要负责人，要清楚酒店危机的类别、特征，危机产生的原因，危机来临时的处理方法和处理危机管理预案的建立。

（一）酒店危机种类

酒店容易遇见的、可能导致酒店经济遭受损失和酒店声誉受到损害的各类易发性、突发性事件如自然灾害、食物中毒、

表1-19　客人投诉处理技巧

序号	客人类别	处理技巧	备注
1	比较挑剔的客人	此类客人喜欢表现自己的高明，他的投诉可能只是为了表现自己，显得自己很高明和很重要。营销经理必须迎合他的这种心理，给他提供充分表现自己的机会，帮助客人表现其长处，维护并隐藏客人的短处，从而使客人在酒店中获得更多的自豪感和成就感	
2	希望被特别关注的客人	此类客人希望被特别关注。营销经理必须像对待自己的朋友一样给予其足够的关注，耐心倾听客人的要求，提供真心诚意的帮助，让客人感到营销经理的关心是真诚的	
3	爱面子的客人	此类客人往往以自我为中心，思维和行为大都有情绪化的特征，对酒店的看法往往带有很大的主观性，即凭自己的感觉加以判断。这类客人在投诉时，营销经理首先要肯定客人的投诉，承认酒店的失误，应注意给客人留面子。对于客人无理取闹的行为，也应给以宽容和理解。只有将心比心理解客人，设身处地地为客人的利益着想，想客人之所想，急客人之所急，才能赢得这类客人的理解	
4	爱发号施令的客人	此类客人具有领导的某些特征，表现为居高临下，发号施令，习惯于使唤别人。为此，营销经理在处理投诉时，必须要像对待领导一样对待他，切忌怠慢、忽视他。对于客人的无理要求或无端指责，营销经理同样要注意处理艺术，采取引导和感化的方法，甚至可让他参与投诉的处理决策，使客人感受到酒店对他的重视	

随手札记

火灾等都称为危机。酒店危机种类有以下几点：

(1) 我国属于自然灾害多发的国家。沿海地区的风暴灾害，地震带区的地震多发地，南方各大江、河沿岸的洪涝灾害，恶劣天气造成的冰雹灾害，甚至城市改、扩建后排水管网跟不上发展所形成的内涝等，这些不可抗拒的自然灾害都可能给酒店和客人造成财产和生命的损害，甚至导致危机的发生。

(2) 我国目前正处在社会转型时期，各种矛盾突出，而酒店所接待的客人又是来自四面八方、良莠难辨，特别容易发生各类治安性的突发事件。对此，酒店如管理不善或一旦疏于防范，处理不慎，必会酿成危机。

(3) 酒店装修装饰所使用的大量可燃物和其封闭性的结构，特别容易导致火灾等灾难性事故的发生。这里既有内部管理和设备管理、使用的原因，也有一些客人使用不当、不注意甚至故意而为的因素。此类事件一旦发生，将造成严重后果。

(4) 酒店餐饮所提供的食品与服务，牵系着千家万户和众多客人的健康与安全。任何管理工作和服务工作中的管理不严、操作不当、措施不力甚至短期行为均可能造成食物中毒事件的出现，进而引发危机的发生。

(5) 酒店建筑、装饰、设备等施工的质量、保养、维护问题，广告牌、玻璃窗、建筑物外墙瓷砖从天而降，电梯关人、坠落，饰物、饰画突然砸落伤人，工程未完处不加警示等都容易导致危机事件的发生。

(6) 服务人员因培训不够或应变能力差，管理人员素质不高，处理店、客纠纷不力。

(7) 各种事故发生后处理不慎，从而导致的媒体危机。

特别提示：

酒店危机突发性强、时间短，不易被事先发觉，而且如营销经理处理不当，影响会迅速扩大，使酒店声誉受损。如防范、处理不当，将造成酒店财产、客人生命受损。如没有事先的处理预案，事发时惊慌失措，不能处理好各种关系；事发后又未能与社会公众和媒体做好沟通、交流工作，直接导致了酒店的形象、美誉度受到极大的损害。

（二）酒店危机管理

酒店的危机管理，就是对可能引发产生经济损失和对酒店信誉有损的人和事进行有效的防范，同时，建立起应对危机发生时的、有效的处理预案，以达到尽量避免、及时处理、尽力挽回损失或信誉的目的。从某种意义上说，酒店的危机管理实际上是一场酒店形象的保卫战。

营销经理对酒店形象的塑造，要靠平时的点滴积累。特别是在危机处理上，营销部的良好表现，是重塑酒店形象的关键。为了避免在危机发生时惊慌失措，营销经理应认真制作危机公关预案，以便各种危机发生时，酒店能应付自如。以下提供一范例，供参考。

【范例 03】

××酒店危机公关预案

日前，本酒店举行婚宴时因错误地选择了质量不过关的熟食产品，而导致数十名客人中毒住院，对酒店的声誉造成了极坏的影响，为了缓解酒店的危机处境，重塑本酒店的形象，特拟此预案。

一、处境分析

日前本酒店举办婚宴时，由于某食品公司送来的熟食质量不过关，导致数十名赴宴的客人中毒住院，电视、报纸等媒体纷纷予以关注，媒体不明就里，把矛头直指本酒店，使酒店的声誉严重受损，很多新老客户都对本酒店的食品安全问题产生了怀疑，致使本酒店本季度的营业额下降了15%，酒店现在的处境十分危急，必须采取正确有效的公关措施解除危机。

二、具体方案

1.危机处理的准备阶段。

（1）成立专门的危机应对小组，由专职人员24小时对危机发生和蔓延进行监控，同时每一阶段的处理结果都要形成决议，以便向外公布。

（2）全酒店上下都要明确处理危机公关应注意的要点：

①勇于承担责任：无论谁是谁非，都不要企图推卸责任。

②要真诚沟通：酒店应把自己所做、所想的，积极坦诚地与公众沟通。

③第一时间处理：危机发生后，能否首先控制住事态，使其不扩大、不升级、不蔓延，是处理危机的关键。

④规避系统性风险：在逃避一种危险时，不要忽视另一种危险。在进行危机管理时必须系统运作，绝不可顾此失彼。

⑤取得权威部门证实：酒店应尽力争取政府主管部门、独立的专家或机构、权威的媒体及消费者代表的支持，而不是自己去徒劳地解释或自吹自擂。

（3）酒店上下在对外发言时要统一口径，由酒店的权威机构直接或委派一个专门的发言人对外公布相关事宜。切忌酒

随手札记

店的领导或员工随意对外发布不一致的信息。

（4）制定好危机应对方案。

①对公众主动承认自己的过错，勇担责任，给公众树立一个敢于承担责任的企业形象。

②请政府食品安全检察部门来酒店检查，并向公众公布检查结果，以表明酒店的食品安全卫生情况是合格的。

③与媒体合作，向公众说明事情的原委和真相。要引导公众的思想，不要让其他不良报道误导消费者。

④到医院去探望中毒的客人，向客人道歉，做好对客人的理赔工作，希望得到客人的谅解。

⑤针对本次的事件向客人做一次问卷调查。了解消费者对本酒店此次事件的了解程度、具体看法，对本酒店的信任度以及其他消费需求等。

⑥根据调查问卷的分析结果，了解消费者的需求和担心的事项，然后制定出相应措施。比如调查结果显示，消费者对本酒店的食品质量产生怀疑，我们可借鉴××公司采取的食品安全预案，重建消费者信任感，即为食品企业提供能将物流和信息流供应链有效连接起来的一整套全面的软件、硬件和服务，为客户实施一个“全价值可追溯性”系统提供分析和计划，还能提供“××食品安全管理器”等预案，这些技术和创新可以帮助酒店增加透明度从而重建消费者对酒店的信任。

2.危机的处理阶段。

展开在准备期制定的方针、政策，有步骤地实施危机处理策略。实施时要灵活变动，时时回馈，根据具体情况适当变更。同时每一阶段的处理结果都要形成决议，以便向外公布。

3.危机的恢复阶段。

开展一系列的促销活动，尽快摆脱危机事件带来的销售低迷现象。

具体促销方案：

（1）价格促销：大酬宾，让利消费者。活动时间为一个月，凡在本月内到本酒店消费200元以内的客人可享受9.8折优惠，消费200～500元可享受8.8折优惠，消费500～1000元可享受7.8折优惠，消费1000元以上可享受6.8折优惠。

（2）广告促销：加大广告宣传力度，可在公交车站牌处张贴宣传海报、在人多密集的广场处派发宣传单、加大电视广告的播出频率等。

（3）质量促销：保证优等质量、优质服务。

（4）特色促销：开放式厨房，让每一位客人可以很清楚地看见自己的菜肴是如何制作的，也可以让客人看到我们服务的规范性及食品的安全卫生程度。

（5）口碑促销：利用公共宣传，发布新闻稿，请有公众影响力的人物发表讲话等。

（三）危机管理的注意事项

营销经理在处理危机事件时，对报纸、杂志、电视等媒体要特别留意。因为媒体对酒店的不良影响是不可估量的，小则受到经济损失，大则关乎酒店的生死存亡。

媒体在报道酒店事件时有三个

特点：

（1）媒体是从第三方的角度来看待问题的，所以媒体没有义务按照酒店的理解和希望去确定报道的角度或重点。

（2）媒体可能因为不准确的语言描述而背离了酒店所想表达的内容，因此，给酒店留下了危机的隐患。

（3）媒体报道的及时性。由于媒体报道的及时性，需要第一时间把报道发出去，所以，造成媒体对报道的事实缺乏足够的时间调查，从而为报道的失真埋下了隐患。

营销经理要熟知媒体的这些特点。危机发生后，一旦媒体赶到现场，营销经理应选用训练有素的人员来担任酒店的发言人，必要时可亲自担任酒店的发言人、接受媒体与社会公众的询问，避免因词语表达不当产生歧义，而引起媒体或社会公众的误解；同时要规定统一的对外宣传口径，尽量通过媒体或召开新闻发布会，告诉社会公众发生了什么，酒店正在做什么。

在应对媒体时，营销经理应规定酒店除指定的对外发言人外，任何人都不要对外作非正式的声明，不允许酒店员工擅自对外发布任何消息。

营销经理在危机处理的过程中，不要企图去评定罪责，而应该立即提出问题给予解决；任何人都不要背离危机发生后酒店制定的政策或应急措施，擅自作出其他决定。

特别提示：

营销经理应以真诚和积极的态度来处理危机，必要的时候可以邀请社会上公正、权威的机构来协助调查、解决危机，确保社会公众对酒店的信任。同时，还要时刻准备把握危机中的“机遇”，最大限度地减少危机给酒店声誉带来的损害，建立起有效的沟通渠道，使酒店转危为安。

随手札记

一日工作安排与落实

一周工作安排与落实

月度工作安排与落实

季度工作安排与落实

年度工作安排与落实

管理心得

每天工作结束后，酒店营销经理可以对自己的工作进行一个简单的总结，其实也就是一个简单的个人工作日志。

我的日管理心得

已办事项	
未办事项	
待办事项	
今日管理心得	

第二章

一周工作安排与落实

新的一周开始了，该怎样来做好这一周的工作呢？仔细想想，本周有哪些主要工作：要调整和完善本部门各项规章制度，要对各部门营销目标完成情况进行检查；需要为部门经理周例会做准备……

惨啦！事情这么多，怎样才能理清呢？仔细想想，哪些必须在第一时间内完成，哪些可以稍微往后延……

如果你每周都处于这种忙碌"晕"的状态，那就要做好一周工作安排与落实。通过本章的学习，相信你一定可以远离这种状态，从而让工作更加有条理，更加轻松愉快！

一、制订一周工作计划

（一）每周时间分析

营销经理可以将从周一到周五、连续使用的工作（活动）分项分析表（见表1-3）统计结果分别填入表2-1。误差就是实际用时与计划用时之差，无计划的工作事项，计划用时则计为零。

（二）制订工作计划

有些工作要周一做，有些要周二做，那么营销经理如何安排一周的工作时间呢？可以制订一份周计划表，来对一周时间进行合理分配。表2-2是某酒店营销经理的周工作计划表。

【范例04】

××酒店营销经理一周工作计划

一、销售方面

本周应重点加强婚宴和谢师宴的开发工作。

二、设施设备方面

表2-1　每周工作时间分析表

时间／活动	计划用时							实际用时							误差
	周一	周二	周三	周四	周五	总计	排序	周一	周二	周三	周四	周五	总计	排序	
召开部门早会															
参加部门经理周例会															
拜访旅行社															
查看上周营销代表售房情况															
采购投影仪、音响等设备															
开发会议市场															
接待大型旅游团															
开展宴会营销活动															
与酒店其他部门协调工作															
……															
总计															

表2-2　周工作计划表

序号	工作内容	阶段目标	目标完成时间							责任人
			周一	周二	周三	周四	周五	周六	周日	
1	拜访本地旅行社	拜访距离较远的几家	○	○						
		拜访附近的几家			○					
2	配合人力资源部面试新员工	笔试				○	○			
		营销水平考核						○		
3	部门在职员工专业技能培训	对客服务培训	○	○	○	○				
		营销技巧培训	○	○	○	○	○	○	○	

1.会议室有一台幻灯机损坏，工程部无法修理，需更换。

2.有两台录像机被××分店借走，本周需索回。

三、物品采购方面

1.鲜花30篮。

2.A4打印纸50份。

四、迎接检查

部门做好迎检的各项准备工作，具体如下：

1.部门卫生洗消。

2.洗手间清洁与消毒。

五、处理上周食材采购问题

1.上周末获得一个宴会订单要处理，酒水不足，需通知餐饮部尽快补足。

2.本周有三个大旅游团要来，前厅部接待的人手不足，必须通知前厅经理注意安排。

随手札记

六、商务客户营销代表业绩检查

商务客户营销代表已一周没有签到一个客户，本周得分析一下具体原因。

现在，你可以此为参考，来制订一份自己的周工作计划表。

表2-3　我的周工作计划表

序号	工作内容	阶段目标	目标完成时间							责任人
			周一	周二	周三	周四	周五	周六	周日	

二、主持营销部周例会

营销经理既要主持本部门周例会，还要参加部门经理周例会。因此要妥善协调好两者的时间，避免发生冲突。

营销经理每天都要参加部门早会，但那只是安排一天的工作。而周例会是对一周工作的总结，并为下一周工作的开展做好安排。因此营销经理必须为会议做好充分准备，这就要求他必须学会如何主持会议。以下几点是主持会议的要点，只要遵照实行，就可以大大提高工作效率。

（一）把握时间

开会最忌讳的就是拖延时间，因为每个人的时间都很宝贵，所以要让会议顺畅地进行，就必须对每个议题的讨论时间作出限制。比如会议要讨论员工培训和处理客人投诉两项议题，但在如何处理客人投诉问题上，与会者陷入了长时间的争论中，无法达成共识。这时候营销经理就应当作出决断，将这项议题搁置，留待下次会议再讨论，而接着进行下一项议题的讨论。营销经理要尽力避免耽误其他议题的讨论工作。

营销经理也可以在会前制定一份例会时间控制表，明确规定各项议题的讨论时间，超过限定时间就要立刻终止讨论。

（二）秉持民主作风

会议最好的模式是民主，而非专制。营销经理不应试图影响与会者，作出自己想要的结论，更不要只凭自己的职衔或权力来命令他人。一个好的营销经理应该使用说服，而不是强迫的方式来达成目标。

因此营销经理在主持会议时应态度和蔼，多用询问的口吻说话，比如“××，你对本周预订率下降有什么看法”或者“××，你觉得本周客人投诉增加的原因是什么？有什么解决办法？”，切不可粗暴蛮横，搞一言堂，以致挫伤与会者的积极性，使会议无法成功举行。

（三）明确例会目的和议程

任何会议都必须有明确的目的，要提出什么问题，如何解决，解决方法有哪些，哪种方法更好。所有讨论都要围绕解决问题，达成目标而进行，切不可变成漫无目的的闲聊或争吵。为此，营销经理必须建立明确的例会议程，以使会议有条不紊地进行下去。下例是某酒店营销部一次周例会议程安排，仅供参考。

【范例05】

××酒店营销部议程

（一）会议内容

1.召集人：营销经理。

2.时间：每周五9:00～9:20。

3.地点：营销经理办公室。

4.参加人员：各部门班组、岗位负责人。

5.讨论议题。

（1）传达酒店每周例会精神、工作指标、酒店经营信息。

（2）检查营销指标完成情况，评估上周促销活动成效，分析新市场扩展程度。

（3）每位营销代表汇报上周的工作，接触潜在客户的情况，提出工作中的问题。

（4）分析处理客人投诉，汇集客户对酒店服务的需求，研究新的组合产品。

（5）讨论大型促销活动的重要客户接待方案。

（6）营销部经理指示下周营销工作重点和任务指标。

6.重点议题。

随手札记

下周某院校师生××人要来参观酒店，鉴于人数较多，要做好工作安排。

（二）会议要求

1.为维护酒店管理的规范化，保障政令畅通，信息传送及时，各班组、部门必须按时召开各级例会。

2.例会召开以解决困难、听取汇报、下达指令、协调工作为宗旨，简明扼要，切忌扯皮、拖拉。

3.任何与会人员都要遵守会议纪律，无法参加会议需向会议召集人请假，得到批准后方可缺席。

4.例会所作出的限期工作布置，由副经理负责记录，由人力资源部负责向责任部门跟踪落实。

5.与会人员必须及时、完整地向下级传达会议内容、精神。

6.由营销经理办公室整理“会议纪要”，下发各部门作为实施、检查和贯彻例会精神的依据。

7.要认真做好例会记录。

8.会议期间禁止吸烟、接打电话（未把手机调到振动）或谈论与会议无关的话题。

三、参加部门经理周例会

营销经理每周都要参加部门经理会议，此时是作为一个会议参加者参加会议，那参加会议时要做好哪些事项呢？

营销经理在走进会议室之前，先要弄清楚几个问题，如谁召集了这次会议，为何召集等。当然周例会作为常规性会议，情况一般都比较清楚，通常都是总经理召开会议，各部门经理参加。但如果是紧急会议就不一样了，因此要明确开会讨论的问题，最好做一张表，如表2-4所示。

会议中需要讨论的问题或事情，营销经理最好先列出，在参加会议时可以用来提醒自己。营销经理要准备好上周工作总结和本周工作计划，以便向总经理汇报，以及与其他部门进行有效沟通。

通常营销经理需要在会议上提出如下报告：

（1）提供上周营销部营销分析报告。

（2）通报上周工作完成情况及未完成工作的原因和预计完成的时间。

（3）通报上周本部门客人意见征询情况并提供书面报告。

（4）通报上周本部门新客户开发情况。

表2-4　需要明确事项表

序号	问题	是否明确	备注
1	谁召集这次会议	□是　□否	
2	营销部相关报告是否已准备妥当	□是　□否	
3	本次会议是否会继续讨论上次会议遗留问题	□是　□否	
4	是否为了解决棘手的问题而召开	□是　□否	
5	是否对会议中涉及本部门的事项足够熟悉	□是　□否	
6	是否需在营销部举行消防演习	□是　□否	

（5）通报上周相关部门对本部门工作的配合情况。

（6）通报上周本部门员工培训情况。

（7）通报上周重要客人的关注情况。

（8）通报本部门费用开支情况与预算费用对比。

（9）通报本周和未来两周餐厅销售预报。

【范例06】

××酒店周例会营销经理汇报表

项目	汇报细则
完成情况	本周客房销售________元，比上周增加（减少）________间 本周会议客户增加________户，比上周提高（降低）________% 本周获得宴会订单________单，比上周增加（减少）________单 营销代表公关费用________元，比上周增加（减少）________元 会议室设施设备运行情况：____________　人员状况：__________
原因分析	
改进措施与建议	
上周计划完成情况	
下周工作计划	
其他工作汇报	

下面是某酒店营销经理的汇报记录，仅供参考。

四、担任值班经理

酒店是一个24小时不间断向客户提供安全和服务保障的特殊行业，不得有一点疏忽。为了对客服务的全天候政令畅通、服务规范、处理问题及时，除正常的

随手札记

组织管理之外，还需另设值班经理负责指挥日班之外的工作，以保证酒店运转始终处于良好状态（包括周末、节假日）。

值班经理由酒店总经理、部门经理轮流担任。所有值班人员应首先掌握所有岗位操作标准及行为规范。各部门在开班后会的时候要告知今日值班经理的姓名、职务、电话分机、手机号码。

营销经理根据总经理办公室的排班要求担任值班经理，一般每周一天。以下提供一范例，仅供参考。

【范例07】

××酒店值班流程

一、值班的汇报及交接规定

1.早会值班经理汇报工作：反映客人的意见，汇报发现的问题及问题分析，提出需要跟办的事情。

2.昨日值班经理向今日值班经理交接，交接“值班经理工作日志”，交代需要跟办的事项。

二、值班岗位职责及标准

1.根据总办排定的值班表，提前做好值班准备工作，了解如下情况：

（1）酒店今日客房出租率。

（2）今日在店、抵店、离店客人人数。

（3）今日酒店有无团队、会议信息。

（4）今日酒店有无宴会活动信息。

（5）今日酒店内有无计划内的可能对客人造成影响的事件如：停水、停电、停气、电梯维修、改建、装修、消防演习、工程维修等。

2.值班期间，确保手机24小时开机（保证手机电池电量充足），工作电话接听率100%，着工作装。

3.密切关注经营、运转情况，及时做好组织协调和服务工作。

4.负责做好夜间安全的预防工作，妥善处理酒店夜间发生的治安问题。检查各安全岗、安全通道，以消除各种隐患，保证酒店以及客人的人身财产安全。

5.加强夜间巡视，特别是酒店重要部门的巡查工作，发现问题及时解决，并做好工作记录。

6.值班期间巡视后勤区域（各部内务、各种设备间、员工餐厅等），及时发现问题，采取有效措施，妥善处理。

7.处理客人的投诉。遇到客人对酒店的投诉时，认真倾听并在工作日志上做好书面记录，无论对错都不作争执，并适时适当地站在客人的立场上，使客户尽快平静下来。在考虑酒店的利益得到最大保护的同时，可以适当满足客人的合理要求，以维护酒店的良好声誉。

8.主动征求客人的意见，对客人的意见及时加以分析、处理，并采取预防措施，促进酒店优质服务的开展和质量的改进。

9.维护整个酒店温馨祥和的营业气氛，督导各营业点摆设、灯光、背景音乐、服务质量等影响营业气氛的工作环节。

10.早会上值班经理要对昨天的当班情况进行汇总说明，对检查过程中的不合格项进行评析，各部门经理针对不合格项提出整改措施，下一值班经理对其进行质量跟踪和落实。

11.值班经理负责对各部门员工仪容仪表规范进行监督落实。

12.及时处理酒店突发事件，维护酒店

的利益不受损害。

13.协调各部门之间的关系，并接受和处理酒店内部员工投诉。

14.监督上岗员工的工作表现，对违纪员工有权按章予以处理；对工作中表现突出的员工，有权向相关部门建议给予物质或精神奖励。

15.审查和核批业务部门在岗最高人员权限以外的优惠、减免事宜。凡确属紧急情况须减免或优惠的，应做好详细记录并逐级汇报。

营销经理在担任值班经理时，要按照以上流程仔细巡查整个酒店，当值班结束时，要认真填写当日值班日志，具体内容可填写在表2-5中。

表2-5　值班经理工作日志表

星期：　　　　　　　　天气：　　　　　　　　值班经理：

<table>
<tr><td colspan="2">酒店当日营收</td><td></td></tr>
<tr><td colspan="2">酒店重大接待活动</td><td></td></tr>
<tr><td rowspan="8">质量检查项目</td><td rowspan="2">客房两间（含：清洁卫生及设施设备维护保养情况；客房清理、开夜床情况；客用品配置情况等）</td><td>房号：
检查情况：</td></tr>
<tr><td>房号：
检查情况：</td></tr>
<tr><td rowspan="4">营销：包厢、散台、厨房（含：清洁卫生及设施设备维护保养情况；客用品配置情况；餐前准备及餐中服务情况等）</td><td>西早及送餐：
检查情况：</td></tr>
<tr><td>散台：
检查情况：</td></tr>
<tr><td>包厢：
检查情况：</td></tr>
<tr><td>厨房：
检查情况：</td></tr>
</table>

随手札记

（续表）

<table>
<tr><td rowspan="9">质
量
检
查
项
目</td><td rowspan="3">娱乐（健身或游泳淋浴房、足浴房、棋牌室）</td><td>淋浴房：</td></tr>
<tr><td>足浴房：</td></tr>
<tr><td>棋牌室：</td></tr>
<tr><td>公共区域卫生及设施维护情况
1.联排区域外围
2.垂钓区域外围
3.豪华区域外围
4.酒店所有消防步行梯
5.垃圾站、气站及酒店外围</td><td></td></tr>
<tr><td>后台卫生及工作情况：员工食堂、员工宿舍（公共区域、员工宿舍、主管或领班宿舍）、员工俱乐部、更衣室、地下车库、后台办公室等</td><td></td></tr>
<tr><td rowspan="3">员工在岗情况：抽查几名不同部门不同岗位的员工 （含：在岗情况；文明礼貌、行为举止、个人卫生；酒店营运知识、消防知识、本岗位服务程序及标准等）</td><td>姓名及岗位：</td></tr>
<tr><td>姓名及岗位：</td></tr>
<tr><td>姓名及岗位：</td></tr>
<tr><td>设施设备运转情况、施工安检情况（清场情况、安全隐患）、节能降耗情况（能源控制、成本控制）</td><td></td></tr>
<tr><td>重
大
事
件</td><td>1.客人投诉及处理情况（经过及处理过程）：
2.其他需要说明的问题（客人意见及重大管理隐患）：</td><td></td></tr>
</table>

制表：　　　　　　　　　　　　　　总经理签署：

营销经理在值班期间，对酒店各部门的检查工作应参照国家旅游局关于星级饭店评定的最新标准《旅游饭店星级的划分与评定》GBT14308-2010中对五星级酒店的各项要求。

因为前厅部、餐饮部等部门在其部门经理担任值班经理时会仔细检查，因此营销经理应重点检查酒店宴会厅等公共区域，如楼梯、走廊、公共卫生间等，新标准对五星级饭店的要求，如表2-6所示。

五、做好客户接待工作

营销经理不仅要负责整个酒店的营销活动，还要负责整个酒店主要的接待工作。

（一）接待客户的范围

酒店的客户可能来自不同地方，属于不同民族，有各自不同的生活习惯，营销经理应充分掌握各类客户的基本情况，以便做好有针对性的接待工作。一般来说，酒店接待的客户包括以下内容：

表2-6　新标准对公共、后台区域（五星级饭店）的要求

6.公共、后台区域	
6.1	周围环境
6.1.1	庭院（花园）完好，花木修剪整齐，保持清洁
6.1.2	停车场、回车线标线清晰，车道保持畅通
6.1.3	店标（旗帜）、艺术品等保养良好，无破损、无污渍
6.2	楼梯、走廊、电梯厅
6.2.1	地面：完整，无破损、无变色、无变形、无污渍、无异味
6.2.2	墙面：平整，无破损、无裂痕、无脱落、无污渍、无水迹、无蛛网
6.2.3	天花（包括空调排风口）：平整，无破损、无裂痕、无脱落、无灰尘、无水迹、无蛛网
6.2.4	灯具、装饰物：保养良好，无灰尘、无破损
6.2.5	家具：洁净、保养良好，无灰尘、无污渍
6.2.6	紧急出口与消防设施：标志清晰，安全通道保持畅通
6.2.7	公用电话机：完好、有效、清洁
6.2.8	垃圾桶：完好、清洁
6.3	公共卫生间
6.3.1	地面：完整、光亮，无破损、无变色、无变形、无污渍、无异味
6.3.2	墙面：平整，无破损、无裂痕、无脱落、无灰尘、无水迹、无蛛网
6.3.3	天花（包括空调排风口）：平整，无破损、无裂痕、无脱落、无灰尘、无水迹、无蛛网
6.3.4	照明充足、温湿度适宜、通风良好
6.3.5	洗手台、马桶、小便池保持洁净、保养良好，无堵塞、无滴漏

随手札记

（续表）

6.3.6	梳妆镜完好、无磨损，玻璃明亮、无灰尘、无污渍
6.3.7	洗手液、擦手纸充足，干手器完好、有效，方便使用，厕位门锁、挂钩完好、有效
6.3.8	残疾人厕位（或专用卫生间）：位置合理，空间适宜，方便使用
6.4	后台区域
6.4.1	通往后台区域的标志清晰、规范，各区域有完备的门锁管理制度
6.4.2	后台区域各通道保持畅通，无杂物堆积
6.4.3	地面：无油污、无积水、无杂物，整洁
6.4.4	天花（包括空调排风口）：无破损、无裂痕、无脱落、无灰尘、无水迹、无蛛网
6.4.5	墙面：平整，无破损、无开裂、无脱落、无污渍、无蛛网
6.4.6	各项设备维护保养良好，运行正常，无“跑、冒、滴、漏”现象
6.4.7	在醒目位置张贴有关安全、卫生的须知
6.4.8	餐具的清洗、消毒、存放符合卫生标准要求，无灰尘、无水渍
6.4.9	食品的加工与储藏严格做到生、熟分开，操作规范
6.4.10	有防鼠、蟑螂、蝇类、蚊虫的装置与措施，完好有效
6.4.11	各类库房温度、湿度适宜，照明、通风设施完备有效，整洁卫生
6.4.12	下水道无堵塞、无油污，保持畅通无阻
6.4.13	排烟与通风设备无油污、无灰尘，定期清理
6.4.14	垃圾分类收集，日产日清，垃圾房周围保持整洁，无保洁死角
6.4.15	员工设施（宿舍、食堂、浴室、更衣室、培训室等）管理规范，设施设备保养良好、整洁卫生

（1）来店视察、指导工作的政府领导人。

（2）上级旅游主管部门及世界旅游组织的负责人和知名人士，见表2-7。

（3）与酒店有合作关系或能为酒店带来效益及良好声誉的客户。

（4）曾为酒店作过贡献的知名画家、书法家、艺术家。

（5）酒店邀请的客户。营销经理在开展营销工作时，一般都会邀请客户来酒店实地考察，对这些客户的接待非常重要。接待得好，可为酒店带来直接收入。

（6）为酒店提供帮助、方便的单位，如民航、车站、港口等有关单位，但一般工作关系及私人朋友不在此例。

（7）为酒店带来客源的旅行社、旅游网站及有关客户等。

上述范围客户原则上由营销经理安排接待，总经理办公室的客人由总经理安排或由行政办公室将客人详细情况、接待要求通知营销部，营销经理负责接待。

表2-7　国内外的旅游组织

国内著名旅游组织	世界著名旅游组织
1.中国旅游协会	1.世界旅游组织（WTO）
2.中国旅游饭店业协会	2.世界旅行社协会联合会（UFTAA）
3.中国旅行社协会	3.世界旅行社协会（WATA）
4.中国旅游车船协会	4.国际饭店协会（IHA）
5.中国妇女旅游委员会	5.国际民用航空组织（ICAO）
6.中国乡村旅游协会	6.国际航空运输协会（IATA）
7.中国旅游文化学会	7.国际旅游科学专家协会
8.中国旅游文学研究会	8.国际旅游协会（IAT）
	9.国际汽车联合会（IAF）
	10.欧洲旅游委员会（ETC）
	11.美洲饭店及汽车旅馆协会（AH&MA）
	12.国际旅游联盟（AIT）
	13.世界一流饭店组织

（二）接待分工及程序

1.制订接待计划表

当接到客户参观的消息后，如果是比较重要的客人，营销经理应制订一份接待计划表，见表2-8，并合理安排接待工作。

2.安排食宿

来访的客户如需在酒店食宿的，营销经理应先让其填写接待单，报总经理批准后再通知客房部和餐饮部安排具体

随手札记

表2-8 接待计划表

<table>
<tr><td colspan="2" rowspan="3">来宾姓名或团体名称</td><td rowspan="3"></td><td colspan="2" rowspan="3">人数</td><td colspan="2">外宾</td><td rowspan="3">男</td><td colspan="2"></td><td rowspan="3">女</td><td></td><td rowspan="3">合计</td><td></td></tr>
<tr><td colspan="2">中宾</td><td colspan="2"></td><td></td><td></td></tr>
<tr><td colspan="2">华侨</td><td colspan="2"></td><td></td><td></td></tr>
<tr><td colspan="2">从何处来</td><td></td><td colspan="4">抵店日期</td><td colspan="4">月 日 时 分</td><td colspan="2">车次或班（包）机</td><td></td></tr>
<tr><td colspan="2">到何处去</td><td></td><td colspan="4">离店日期</td><td colspan="4">月 日 时 分</td><td colspan="2">车次或班（包）机</td><td></td></tr>
<tr><td rowspan="13">委托事项</td><td rowspan="9">住房</td><td colspan="2">标准房</td><td colspan="2">间</td><td rowspan="9">布置要求</td><td colspan="3"></td><td></td><td></td><td></td><td></td></tr>
<tr><td colspan="2">豪华房</td><td colspan="2">间</td><td colspan="3"></td><td></td><td></td><td></td><td></td></tr>
<tr><td colspan="2">行政房</td><td colspan="2">间</td><td colspan="3"></td><td></td><td></td><td></td><td></td></tr>
<tr><td colspan="2">商务房</td><td colspan="2">间</td><td colspan="3"></td><td></td><td></td><td></td><td></td></tr>
<tr><td colspan="2">复式套房</td><td colspan="2">间</td><td colspan="3"></td><td></td><td></td><td></td><td></td></tr>
<tr><td colspan="2">高级套房</td><td colspan="2">间</td><td colspan="3"></td><td></td><td></td><td></td><td></td></tr>
<tr><td colspan="2">行政商务房</td><td colspan="2">间</td><td colspan="3"></td><td></td><td></td><td></td><td></td></tr>
<tr><td colspan="2">行政套房</td><td colspan="2">间</td><td colspan="3"></td><td></td><td></td><td></td><td></td></tr>
<tr><td colspan="2">总统套房</td><td colspan="2">间</td><td colspan="3"></td><td></td><td></td><td></td><td></td></tr>
<tr><td colspan="3">就餐事宜</td><td colspan="3">就餐日期</td><td colspan="2">就餐地点</td><td colspan="2">中式</td><td>西式</td><td colspan="2">就餐标准</td></tr>
<tr><td colspan="3">早餐</td><td colspan="3"></td><td colspan="2"></td><td colspan="2"></td><td></td><td colspan="2"></td></tr>
<tr><td colspan="3">午餐</td><td colspan="3"></td><td colspan="2"></td><td colspan="2"></td><td></td><td colspan="2"></td></tr>
<tr><td colspan="3">晚餐</td><td colspan="3"></td><td colspan="2"></td><td colspan="2"></td><td></td><td colspan="2"></td></tr>
<tr><td rowspan="5">费用结算方式</td><td colspan="3">自理项目</td><td colspan="10"></td></tr>
<tr><td colspan="3">转账项目</td><td colspan="10"></td></tr>
<tr><td colspan="3">转账单位</td><td colspan="10"></td></tr>
<tr><td colspan="3">结算联系人</td><td colspan="7"></td><td>电话</td><td colspan="2"></td></tr>
<tr><td colspan="3">地址</td><td colspan="10"></td></tr>
<tr><td>备注</td><td colspan="13"></td></tr>
</table>

工作，见表2-9。

3.参观接待

对参观的客户，营销经理负责主要的接待工作，前厅部、客房部都要协同接待。对客户的特殊要求，如用车等，需要其填写接车预订单，交营销经理或前厅经理批准。

特别提示：

客户参观酒店一律凭营销经理签发的接待单，否则各部门不予接待。对没有接待单的客户，营销经理应查明情况，视情况作出合理安排，例如客户忘了办这道手续，营销经理可即刻为他办理。

（三）营销费用开支的原则和结算

（1）营销费用开支，以厉行节约、讲究实效为原则。

表2-9　接待单

1.来访时间：____月____日____时至____月____日____时

2.来宾名单：

单位名称	人员数量	人员名单	备注

3.来函情况　□是　□否　备注：________________（公司第一对接人）

4.联系人姓名：____________　电话：________________

5.来访目的：□领导考察　□同行参观学习　□工作交流　□新闻采访

备注：____

其他事由：____

6.建议接待人：□董事长　□主要领导　□一般接待人员

备注：____

7.接待要求：□接客时间：__________　地点：__________　人数：____人

□送客时间：__________　地点：__________　人数：____人

8.需提供场地或内容：□会议室PPT介绍　□文化馆　□董办　□主题广场

LED欢迎词内容：____

其他准备：____

9.需准备资料及图片：□酒店宣传材料　□董事长名片　□茶具　□果盘　□矿泉水

备注：____

10.就餐提供：□早餐　□午餐　□晚餐　□工作餐

就餐标准：________元/人；________元/桌

备注：____

11.住宿提供：□是　□否

备注：______________________________（住宿酒店名称及付费方确认）

随手札记

（2）接待公关客人必须按先报批后消费的程序办理。

（3）所有营销、客房、用车等公关费用一律由提供服务的部门开出收费单据并转财务部结算。

六、宴会营销工作

对酒店来说，宴会营销变得越来越重要，有些酒店宴会销售额甚至占到一半，因此，营销经理必须做好宴会营销工作。

（一）洽谈

营销经理应通过各种渠道去获知有举办宴会需求的客户，一旦获悉客户举办宴会信息后，营销经理或营销代表应主动争取邀约客户来酒店实地考察并进行洽谈。

1.提供资料

会见客户时，应事先准备好宴会资料供客户参考，例如：容量使用表、餐饮收费标准表、租金价目一览表等（见表2-10、表2-11、表2-12），并接受客户的咨询，针对客户提出的疑问积极热情地进行

表2-10　宴会部容量使用表

容量 厅别	宴会				会议			面积			室内挑高（米）
	中式宴席（桌数）	自助餐（桌数/人数）	鸡尾酒会（人数）	舞会（桌数）	U字型（人数）	教室型（人数）	剧院型（人数）	长度（米）	宽度（米）	总面积（平方米）	
国际宴会厅											
大型宴会厅											
中型宴会厅											
普通宴会厅											
豪华包房											
普通包房											

表2-11　宴会厅租金价目一览表

时间 厅别	8：30～12：00	13：00～16：30	18：10～21：30	8：30～16：30	8：30～22：00	面积（平方米）
国际宴会厅						
大型宴会厅						
中型宴会厅						
普通宴会厅						
豪华包房						
普通包房						

表2-12　宴会部餐饮收费标准表

中式酒席	一般酒席：××+10%桌起 结婚酒席：××+10%桌起（龙凤厅：××+10%起） 中式套餐：××+10%人起 中式自助餐：中午××+10%人起（最少50位） 晚上××+10%人起（最少50位）
西式酒席	西式早餐：××+10%人起（最低消费××元） 西式套餐：××+10%人起 会间茶点：××+10%人起 西式自助餐：中午××+10%人起（最少50位） 晚上××+10%人起（最少50位） 茶点自助餐：××+10%人起（最少50位）
鸡尾酒席	餐费：××+10%人起（最少50位） 鸡尾酒：××+10%（不含酒精，约60杯） ××+10%（含酒精，约60杯）

解答，必要时邀请相关部门同事予以协助。

2.实地参观

营销经理应带客户参观场地（宴会厅、会议室、客房等），详细地解说酒店特色，针对关键环节，如宴会现场布置、会议场地摆放等一定要通过详细介绍及特色服务推荐，让客户切身体会到场地设施的完善，以增加承办宴会的成功概率。

营销经理应尽可能地向客户推荐酒店其他服务项目，并根据以往接待经验向客户推荐至少两种消费方案（如现金消费或会员卡消费），以供客户选择。

获得客户信息（姓名、单位、职务、联系方式等）、宴会信息（宴会种类、性质、规模、标准、时间等）、其他要求（餐饮禁忌、房间安排要求、特殊要

随手札记

求等）并详细地记录在客户档案表中，如表2-13所示。

根据宴会时间及规模确认预订情况预留场地，以便再次与客户取得联系。

（二）预订

（1）营销代表应根据宴会、会议预订情况一览表上的详细资料，于次日与客户取得联系，了解其是否有意在本酒店举办宴会。

（2）如果客户表示确定在本酒店举办宴会，营销代表应与客户再次确认宴会日期、宴会规模、所选餐标及特殊要求，并与客户约定签署协议日期（尽早为宜）。

（3）如果客户的特殊要求（含要求优惠价）在营销代表的权限内无法得到满足时，营销代表应及时向营销经理汇报，确保及时将结果反馈于客户。

（三）签订协议

1.签订协议书

客户确定在本酒店举办宴会时，营销经理或营销代表应再次邀请客户莅临酒

表2-13　客户档案表

客户编号：

客户资料	名称									
	地址									
	电话		传真		邮编					
	成立日		注册资金		主要股东					
	开户银行		账号		付款信誉					
	负责人		职位		教育		性格		出生日期	
	联络人		职位		教育		性格		出生日期	
经营方式	经营风格	□积极　□踏实　□保守　□不定　□投机								
	业务范围									
	发展情况	□兴隆　□成长　□稳定　□不定　□衰退								
	组织	□上市公司　□私人有限公司　□中外合资　□外商独资　□国有								
	员工总数	管理人员　人，普通员工　人，中方　人，外方　人，共　人								
	同业地位	□领导者　□具影响力　□中等　□小型厂商　□其他								
购买	喜用酒店		原因							
与酒店往来	合约号		折扣		签约日		销售人员			
	长住房		VIP号		其他					
	今年预计	主要购买产品	客房晚数							

（续表）

对酒店意见	总体	
	客房	
	餐饮	
	娱乐	
	其他	
备注		

填表人：　　　　　　　　　　　　　　　　　　日期：

店，双方就宴会事宜达成协议，并签字确认，以保障客户及酒店的自身权益。

协议书所阐明各类事项均需详细向客户进行解释；协议书需填写事项均需仔细填写并与客户进行核对，以确保避免因此而产生的异议。协议书附加信息（如菜单等）亦需营销经理和宴会举办者共同确认，签字并附于协议书后留存，备查。

下例是某酒店的宴会协议书，仅供参考。

2.收取定定

通常，除熟客及小型宴会不预收定定外，其他所有大型宴会在预约时，都必须先交10%的定定，付完定定才表示该宴会场地确实已被订下。否则一个大型宴会如果临时取消，对酒店势必造成重大损失，因此预收定定对宴会厅经营单位而言是一种自保方式，很有必要。

除此之外，若在原来预约宴席的客户未付定定之前，又有其他客户欲订同一场地，营销经理应联系先预约的客户，询问

随手札记

【范例08】

××酒店宴会协议书

日期：　年　月　日　　　　　　　　单号：

<table>
<tr><td colspan="5">客户名称/宴会名称：</td></tr>
<tr><td colspan="3">宴会日期：</td><td colspan="2">电话：</td></tr>
<tr><td colspan="3">公司地址：</td><td colspan="2">传真：</td></tr>
<tr><td rowspan="2">会议</td><td colspan="2">场地：</td><td rowspan="2">宴会</td><td>场地：</td></tr>
<tr><td colspan="2">时间：</td><td>时间：</td></tr>
<tr><td colspan="2">场租：</td><td colspan="2">器材：</td><td rowspan="3">若要求使用特定厅房，依厅别限定最低消费额，消费额仅指餐费，不含饮料及10%的服务费</td></tr>
<tr><td>投影机</td><td>台</td><td>幻灯机</td><td>台</td></tr>
<tr><td>电视机</td><td>台</td><td>录像机</td><td>台</td></tr>
<tr><td>单枪投影机</td><td>台</td><td>屏幕</td><td>台</td><td>餐价+10%的服务费（每桌/每位）</td></tr>
<tr><td colspan="4">其他：</td><td>饮料：□大宗酒席计价
□一般酒席计价
□陈年绍兴　□乌龙茶
□可乐　□椰子汁
□××啤酒　□其他</td></tr>
<tr><td colspan="5">宴会摆设及相关事项：</td></tr>
</table>

合约事项：

（1）宴会的确认桌（人）数应于一星期前予以确定，且确认的桌（人）数不得低于订席保证金单所签订的保证桌（人）数。

（2）宴会结束后，若实际用餐的桌（人）数未达确认桌（人）数时，本酒店仍按确认桌（人）数收费。未消费的桌数，客人可于两周内补消费，若未消费桌数超出确认桌数的1/10时，则超出的桌数须半价赔偿，且不得补消费。

（3）凡喜宴的账款，请于宴会结束当天以现金或银行本票付清。

（4）如因故取消订席，所支付的定金不予退回；若于宴会举办日前一星期才取消者，应补偿本酒店的损失（保证消费额的一半）。

（5）各种类型的宴会均严禁携带外食，自备酒类则酌收开瓶费。

（6）婚宴请自备喜糖（请勿携带瓜子）、签名簿、礼金簿。

（7）布置花卉时，请将塑料布铺设

于地毯上，以防水渍及花草弄脏地毯。

（8）不得在活动场地燃放爆竹、烟花等易燃物，且不得喷洒飘飘乐、金粉、亮光片等吸尘器无法清除的物品。

（9）布置会场时，严禁使用钉枪、双面胶、图钉、螺丝等任何可能伤害会场装潢设备的物品。活动结束后应保持会场的完整，如损坏本酒店的装潢或器材等设备，应负赔偿责任。

（10）因活动需要所运来的各项器材及物品，本酒店仅提供场地放置，恕不负看管责任。

（11）宴会所需的电器设备，请事先协商安装事项。电费依现场实际配线状况及用电量收费，会场布置及电路配置请于两周前告知，以利配合。

其意愿。如果客户确定要使用该场地，就必须请其先至酒店缴付定定，否则将让给下一位想预订的客户。假使客户看中的宴会厅已被预订，也应尝试说服客户更改宴会日期。

（四）下发通知

营销经理应根据宴会协议书上的详细资料于宴会开始前5日提前填写宴会订单及各相关工作联系单（如派车单、客房预订单、美工单、采购申请单、工程维修单等），并由营销经理签字确认。

将签字确认后的宴会订单及各相关工作联系单（同上）分发至各相关部门，并请各部门领班级以上人员签收。

营销经理应根据宴会预订单随时跟进各相关部门准备工作，落实情况。

（五）再次确认

在宴会开始前两天，以电话形式与客户取得联系，就宴会有关事宜（如宴会日期、桌数、特殊要求、车辆使用时间及接送地点等）进行再次确认，如果无更改

随手札记

事项，一切准备工作可依照协议书所述进行。

若客户对宴会提出变更要求的，须经营销经理同意，并且经客户方有效签单人签字确认后方可。营销经理应立即以更改单形式通知各相关部门，并请各部门领班级以上人员签收。

营销经理需根据预订更改情况跟进落实准备工作。

表2-14 宴会变更单

发文日期： 年 月 日		
宴会名称：		
日期：	场地：	
联络人：	电话：	
变更项目	原案	修定为
日期		
时间		
人数/桌数		
场地		
餐价		
□其他变更项目 营销部宴会组：		□增加项目
□总经理 □餐饮部 □宴会部 □财务部 □工程部 □西厨 □保安部 □采购部 □中厨 □花房 □美工冰雕 □前厅部		

（六）跟踪落实

营销经理应于宴会前一天实地了解各部门准备工作完成情况，并根据客户要求对重点部位进行详细检查。

（1）宴会当天，营销经理根据宴会订单上的工作项目再次对各部门的准备工作进行检查，确保各项工作均已落实到位。

（2）宴会当天，再次与客户取得联系，了解宴会有关事宜（同上）是否有变更，并了解其是否有专门的宴会负责人，并取得客户方宴会负责人的联系电话，以便保证宴会的顺利接待。

（3）宴会举行前，营销经理应协调保安部预留车位、做好人员疏导准备。如举行婚宴还需保安部协调部分非机动车的安置停放，以及燃放烟花爆竹时的消防安全准备。

（4）宴会举行前，营销经理应了解餐饮部服务人员安排情况，如人员不足，应及时与人力资源部联系，协调其他部门予以协助，保证宴会服务工作顺利进行。

（5）宴会举行前，营销经理需与客户方宴会负责人仔细核对宴会整体流程及细节要求。以保证宴会整个环节紧密合作，使宴会顺利进行。

（七）账单结清

宴会接近尾声时，营销经理应与负责结账的餐厅主管开始逐一清点所有必须计价的项目。然后再依单价和实际消费数量结算出总消费金额。

营销经理在消费单上写清宴会总消费金额，并请客户方宴会负责人签字确认，并于收银台以现金形式结清所有账款（签协议时就需与客户说明结账方式为现金现付）。

温馨提示：

客户如对账单产现异议，营销经理需向客户耐心解释，必要时请相关部门同事予以协助，以保证顺利结账。

（八）总结追踪

宴会结束后，营销经理应亲自拜访或打电话给客户表达感谢之意，也可发送感谢函，追踪客户对该次宴会的满意度及酒店所需改进之处，以表示对客户的一种售后服务。所有追踪结果均应详细地做好记录并存档，以便作为此客户下次光临时需特别注意的服务咨询。

在整个宴会进行当中，与举办方保持良好的沟通和联系，在不损害酒店利益的基础上，给予举办方最大的支持和超值服务。

七、开展客户拜访工作

拜访客户是营销经理的一项重要工作。通过拜访，营销经理能够了解客户的需求，作出适当的销售工作，为酒店创造更多效益。事实上，营销经理的工作成绩很大一部分都取决于对客户的拜访工作。

随手札记

【范例 09】

××酒店感谢函

亲爱的客户：

感谢您使用××酒店宴会厅，希望我们的各项设施和服务确实让您无后顾之忧。我们很想知道您对本酒店宴会厅的满意程度，您宝贵的意见将是我们改进的目标。

客户姓名：__________　　公司名称：__________

联络电话：__________　　联络地址：__________

宴会日期：__________　　宴会类型：__________

请在□内打√：

	十分满意	满意	不满意
订席接待	□	□	□
服务品质	□	□	□
服务态度	□	□	□
食物品质	□	□	□
场地设施	□	□	□
整体满意度	□	□	□

其他建议：

您是否会再度光临，或将本宴会厅推荐给您的亲友？

□十分乐意　　□可以考虑　　□不会

感谢您的批评与指教，××酒店竭诚欢迎您再度光临。

营销部经理

（一）暖场

营销经理在做销售拜访时，暖场是必需的环节，营销经理要给客户一个良好的第一印象。绝对不能没有准备好就去拜访客户，也不能在跟客户交流时表现得太亲密、没有礼貌、耽误时间和没有重点。

在这短短的几分钟时间里，要让客户了解酒店能够提供什么样的产品和服务给他们。良好的第一印象决定了客户是否愿意跟你合作或者是否愿意继续跟你合作。某大型国际连锁酒店集团有一个指导原则：把赢得客户的忠诚度作为营销经理事业发展的驱动力。

1.完整的自我介绍

一个完整的自我介绍应做到以下几点：

（1）语言表达清晰、完整。

（2）语气充满自信，保持微笑。

（3）与客户沟通时要保持目光接触，并通过握手来表示感谢。

（4）在交谈的过程中要尊敬地称呼客户的名字。

（5）谦恭地交换名片。

【范例 10】

完整的自我介绍

李小姐，您好！我是××酒店营销经理，我叫张××。我代表我们酒店全权负责贵公司有关订房等方面的事宜。××或者可以继续说：酒店是本市第一家以娱乐为主题的精品时尚酒店，它为客户提供极具个性化的硬件设施和贴身管家式的服务……

2.阐明拜访目的

阐明拜访目的包括以下三点：

（1）首先要感谢客户。感谢客户能抽出时间面谈或感谢客户给予上门拜访的机会。

（2）其次当客户准备好时，营销经理应清晰明了地阐述拜访目的。

（3）说话时要充满自信，面带微笑，避免支支吾吾。例如："非常感谢您能给我这次上门拜访的机会，我这次来的目的是想了解一下您的客户在我们酒店住得是否舒适，还需要哪些方面的提高，贵公司对使用酒店有哪些要求。"

3.与客户建立联系

与客户建立联系是整个销售活动的开始。信任是购买的前提。与客户建立联系是建立在平等、互信的基础上，营销经理要把诚实、关爱、自信展示给客户。营销经理与客户建立联系必须做到以下几点：

（1）找到打破僵局的话题：比如，"李先生您的领带颜色真的很特别……"

（2）表现得有兴趣。避免询问客户的私人问题以及宗教、政治等敏感问题。

（3）顺着客户的喜好，讲客户之所讲。

（4）与客户保持同一语调以及交谈时使用适宜的身体语言。

（5）展示自信，但要避免过于热心，关键是：做你自己！

（6）切忌把坏心情带到工作中去。

（二）试探客户需求

人们去买东西时都有两个最基本的因素：满足需求和解决问题。营销经理就是

随手札记

要帮助客户去满足他们的需求，并且为他们所遇到的问题提供解决办法。

营销经理在介绍产品优势之前，一定要先了解客户的需求。在不了解客户需求之前，可以通过一些提问性的谈话去试探客户。这个环节的目的在于，通过提问去发现客户需求，并了解客户作决定的标准。当然，认真倾听客户回答可以使销售工作事半功倍。

1.学会提问

试探客户的需求主要是通过提问，因此，营销经理要特别注意提问的方式，一般来说，提问的方式包括开放式与封闭式两方面。

（1）开放式问题就像问答题一样，不是一两个词就可以回答的。这种问题需要解释和说明，同时向对方表示你对谈话很感兴趣，还想了解更多的内容。

（2）封闭式问题有点像对错判断或多项选择题，回答只需要一两个词。封闭式问题可以让对方提供一些关于自己的信息，供你作进一步了解。尽管封闭式问题有着明确的作用，但是如果单纯地使用封闭式问题，会导致谈话枯燥，产生令人尴尬的沉默。因为对方如果不停地回答封闭式问题，就会觉得自己在接受审讯而不是拜访。

2.挖掘客户潜力

营销经理通过挖掘客户的生意潜力来探明客户的购买能力，即客户是否有能力使用酒店的产品以及具体的量有多少等。

营销经理要利用提问的方式尽量去搜集更多的信息，根据客户的现状和背景来判断其是否具有潜力。营销经理可采取如下提问方式：

（1）贵公司大概多久会在酒店举办一次会议？规模多大？

（2）谁将参加贵公司下次的活动？

（3）贵公司会议的目的/主题是什么？

（4）贵公司每个月会有多少商旅客户？

提问的注意事项：

（1）要抓住要点，口气不能太强硬。

（2）汇总自己提出的问题及答案。

（3）找出相关“证据”。

3.介绍竞争对手的缺陷

（1）找出竞争对手。

任何的销售都会有竞争对手，迅速地找到竞争对手能够帮助营销经理清楚地了解客户的需求及其预算，并且能够利用竞争对手的弱点去增加客户对自己产品的信赖。

营销经理一旦清楚其产品的优势和劣势，就可以将其弱点通过提问表达出来。提问方式如下：

——“除了我们酒店，您还喜欢哪些酒店？”

——“您喜欢××酒店吗？”

——“贵公司上次的活动是在哪家酒店办的？”

（2）用竞争对手的劣势来比较自己产品的优势。

营销经理在知道客户的需求后，不要着急介绍自己的产品，而是先要介绍一下竞争对手的缺点，用对手的缺点来显出自己的优势。营销经理可以从以下几点来将竞争对手的缺点暴露给客户。

——抛出一些客户“不喜欢”的引导问题。

——客户愿意透露竞争对手缺点时，扩大其缺点。

——客户不愿意透漏竞争对手缺点时，要有技巧地引导客户发现其缺点。引导客户时适合提的问题：

- “您试过××酒店吗？”
- “您在××酒店的活动办得怎么样？”
- “您是否觉得自然光线很重要？”
- “宴会厅在一楼是不是更好？”
- “您发现××酒店的客房窗户很小吗？”

（三）迎合客户需求

营销经理要用酒店的优势去迎合客户的需求，但这需要技巧，营销经理要注意以下几点：

要点一	把客户最重要的需求放在第一位
要点二	只阐述几点主要的优势即可
要点三	尝试着征求客户的意见去表述你的想法。例如：“李小姐，我可以介绍一下我们酒店的优势来满足您此次会议的要求吗？”
要点四	用自己的优势比较竞争对手的劣势（比较法）。例如：我们酒店的宴会厅比较大，容纳人数比较多；而某酒店容纳不到500人。我们酒店的房间是有景观房的，而某酒店的房间是没有窗的；或者我们酒店有室内游泳池，而其他酒店没有等

随手札记

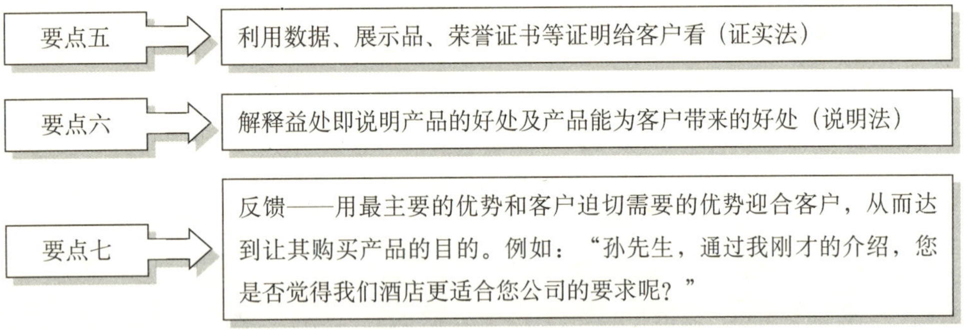

迎合客户需求的要点图

（四）化解阻碍

营销经理在进行销售拜访时经常会遇到很多阻碍，比如：报价较高、态度不佳等。客户在没有任何说辞的情况下购买产品的概率很小，“阻碍”是客户发出的对产品感兴趣或是想要继续沟通谈判的信号。营销经理要自信并有技巧地处理这些“阻碍”。

1. 造成阻碍的三种类型

造成阻碍的三种类型，见表2-15。

表2-15　造成阻碍的三种类型

序号	类型	内容
1	客户着眼于酒店的弱势	如果客户抓住我们酒店房间的朝向不好不放，营销经理要将客户的注意力从朝向不好转移到其更关心的其他方面。营销经理可以这样回答客户：“×先生，客户白天一直都会在公司上班，晚上回来后大部分时间都是在卫生间洗漱，只有很短的时间到窗边将窗帘拉上，其实房间朝向不是那么重要，您觉得呢？”
2	给出解决方案太快	营销经理给出的解决方案要经过调查和判断，这样能让客户觉得可以相信你，认为你所提供的方案是合适的
3	给出了错误的解决方案	错误的解决方案是因时而异的。比如之前案例中提到朝向不好，营销经理若提出给客户换一个朝向好的房间，结果却是朝向好的房间均已售出，这也容易导致销售阻碍

营销经理知晓了这三种会制造阻碍的情况，就要尽量避免其发生，从而减小“阻碍”产生的可能性。

2. 化解阻碍的应对方法

当这些阻碍产生时，营销经理要正面回应，不能逃避。营销经理要表现出非常认真地在倾听，并且听懂了客户的意见，要让客户知道你并没有被他的问题搞得方寸大乱。化解销售阻碍的应对方法，见表2-16。

表2-16　化解阻碍的应对方法

序号	名称	应对方法
1	投诉阻碍	例如客户投诉说，他的朋友上次入住本酒店，结果发现服务质量太差。营销经理应表明，如果客户的朋友所言属实，一定查实清楚，作出改进，并坦诚地请求客户亲自参观酒店，为自己提供一个实地介绍酒店的机会
2	价格阻碍	营销经理拜访客户时，还没介绍自己的产品，客户就急于知道产品的价格。营销经理可以这样应对："您觉得价格是您作决定的最重要因素吗？只要价格合适其他都不重要吗？"客户一般会说："当然不是啊，还要服务好才行。"营销经理可以说："对呀，您可以先听我简单介绍一下我们酒店的产品，然后再谈价钱，好不好？"
3	印象阻碍	例如，客户说："我曾路过你们酒店，看起来很陈旧的样子，服务质量应该很低吧。"营销经理可以回答说："我们酒店已有××年历史，可能看起来有点旧，但这绝不影响酒店的服务质量，事实上，我们酒店能在这么多年激烈的市场竞争中持续发展，最关键的就是服务质量，希望您能亲自去酒店看一下，我们会为您提供最热情的接待。"

（五）达成一致

如果客户根本不感兴趣，营销经理在多番尝试后仍无法成功，则应留下自己的名片或酒店介绍资料，礼貌地告别。

如果客户有意入住本酒店，营销经理应及时与客户签订合作意向书，并向客户发出参观酒店的邀请。

随手札记

八、每周工作总结

营销经理应在每周工作结束时，对本周工作进行总结，以便在下周部门经理周例会上通报本部门工作情况。在总结中将本部门出现的问题如实记录下来，并寻求解决方案。

下面这个范例是某酒店营销经理一周工作总结，仅供参考。

【范例11】

××酒店营销经理周总结

部门经理：张××　　　　日期：××××年10月23日

序号	上周总结	完成日期
1	上门拜访：10 电话拜访：40 签订协议：5	10月17～23日
2	签收营销部印刷品（价目单、信纸等6项）	10月18日
3	刘先生预订11月4～6日15间房	10月18日
4	××协会10月20日用餐、会议及住店接待（消费9000元）	10月17～20日
5	跟进挂账协议和商务协议	10月17～20日
6	跟进部门员工每日工作报告和接待客户意见的反馈	10月17～24日
7	中小企业10月22日售19间房，消费6400元	10月24日
8	制定开业庆典初稿	10月23日
9	××摄影店对酒店照片拍摄	10月19日

九、每周自我反思

营销经理在每周工作结束时，除了要做好工作总结外，还应该进行自我反思。每周工作总结是针对营销部整体工作，自我反思则是针对自己的。

因为营销经理的工作主要是管理，也就是与部门内外各级人员以及客户沟通交流，以完成酒店的工作。既然是与人交流，就难免会出现沟通不畅的问题，例如，某天同一位部门经理谈工作，过多使用了命令式的语气，还不断打断他的谈话，这样就可能伤害了他的自尊心。

营销经理应不断反思，将这些问题如实记录下来，寻求改进方法，避免在以后的工作中犯同样的错误，如表2-17所示。

表2-17　营销经理每周自我反思

日期：

内容 日期	个人问题	解决方案
周一		
周二		
周三		
周四		
周五		
周六		
周日		

随手札记

一日工作安排与落实

一周工作安排与落实

月度工作安排与落实

季度工作安排与落实

年度工作安排与落实

管理心得

管理心得，其实是酒店营销经理对自己个人工作的总结。可以是对某一个事件的看法，也可以是对某一项工作的实施计划；可以是成功的经验，也可以是失败的教训。

我的周管理心得

已办事项	
未办事项	
待办事项	
通过这一周的工作，我最大的收获是：	

第三章

月度工作安排与落实

营销经理工作事情多且杂，需要与各个部门沟通协调，如果没有按时做好工作，将会影响其他部门的正常运转。如没有及时与前厅部核对客房状况，以致营销代表在营销时将已出租的房间再租出去，导致客户的投诉。

每个月的工作有常规的，也有突发的，营销经理要做到让自己忙而不乱，井井有条，就必须做好工作安排。

一、制订月度工作计划

（一）月度重点工作指引

一年有12个月，每个月营销经理都有大量工作要做，如审查各类报表、进行接待工作、培训员工、参加各种会议等。为了使工作变得井然有序，营销经理可以制定月度重点工作表，将每个月重点要做的事情列在表上予以特别关注，优先处理，从而避免完全陷入日常琐事中。表3-1是某营销经理的月度重点工作指引。

当然，你可以根据自己的实际情况来编制一份自己的月度重点工作指引表。在编写中要认真思考所安排的工作是否符合实际情况，若不符合，要及时修改。

（二）月工作计划

营销经理确定了每一个月的重点工作之后，就要制订每个月的具体工作计划，如表3-2所示。

可以看出，该营销经理该月工作重点是对员工进行培训。现在，你也可以根据自己的月工作重点来制订一份月工作计划表。

表3-1 月度重点工作指引表

月份	重点工作	备注
1月	（1）组织完善营销部管理制度，编制部门计划 （2）做好春节期间的营销工作 （3）做好年度预算工作	
2月	（1）开展情人节营销活动 （2）配合人力资源部招聘新员工 （3）对新员工进行入职培训	
3月	（1）制定营销部对客服务标准 （2）做好三八妇女节营销活动 （3）总结部门第一季度工作并制订下一季度工作计划	
4月	（1）组织新员工培训管理 （2）对员工进行服务意识培训 （3）检查并完善营销部服务项目	
5月	（1）做好五一国际劳动节和母亲节的营销活动 （2）拜访重要合作伙伴如旅行社等 （3）组织部门管理人员培训	
6月	（1）组织开展六一儿童节和父亲节的营销活动 （2）开展端午节营销活动 （3）总结部门第二季度工作并制订下一季度工作计划	
7月	（1）建立部门突发事件应急处理预案 （2）进行同行业市场调查 （3）接待大型宴会客户	

（续表）

月份	重点工作	备注
8月	（1）制定营销部员工激励方案 （2）制定酒店营销产品组合	
9月	（1）做好教师节和中秋节营销活动 （2）制订十一黄金周营销部接待计划 （3）总结部门第三季度工作并制订下一季度工作计划	
10月	（1）全力组织部门人员黄金周客户接待工作 （2）实施营销部设施设备管理新规定	
11月	（1）审查营销代表工作业绩 （2）年度客人投诉处理情况分析	
12月	（1）营销部门年终总结及下年度工作安排 （2）配合人力资源部对员工进行年终绩效考核 （3）做好圣诞节营销活动	

表3-2 月工作计划

序号	工作内容	阶段目标	目标达成时间				责任人
			第一周	第二周	第三周	第四周	
1	制订月工作计划	根据酒店实际情况，使计划能顺利执行	○				
2	抽查各部门营销代表工作业绩	确保所有营销代表如期完成任务	○	○	○		
3	收集客户意见	根据客户意见改进工作中不完善的地方			○		

随手札记

（续表）

序号	工作内容	阶段目标	目标达成时间				责任人
			第一周	第二周	第三周	第四周	
4	组织新员工入职培训	向新员工仔细介绍营销部具体情况及让新员工尽快适应工作		○			
5	开展营销部月度员工培训计划	提高员工实际操作技能		○			
6	准备本月工作总结和下月工作计划	了解本月营销部经营情况，对不完善的地方进行改进				○	
…							

表3-3　我的月工作计划

序号	工作内容	阶段目标	目标达成时间				责任人
			第一周	第二周	第三周	第四周	
1							
2							
3							
4							
5							
…							

二、在职员工培训

（一）服务意识培训

酒店是服务行业，服务水平的高低直接决定了酒店的形象和经济效益。但是许多员工，即使已经正式入职很长时间，却仍然没有充分认识到服务的重要性，导致在平时对客服务中出现差错，引起客人不满，给酒店造成损失。

营销部负责酒店产品的销售工作，其服务意识的好坏直接影响产品的销售。营销经理应充分认识到这一点，并对部门员工进行有针对性的服务培训，反复不断地向员工强调优质服务的重要性。下例是某酒店营销部服务培训标准，仅供参考。

【范例12】

××酒店营销部服务培训标准

酒店的营销服务人员在为客户提供营销服务时，应遵循以下质量标准。

1.营销管理质量标准。

（1）在进行销售时，要做好充分的

准备工作，仪表仪容得体，并要携带酒店宣传资料和个人名片。

（2）在拜访客户时，要礼貌热情，详细询问客户对酒店的服务改进意见，并认真记录。

（3）客户拜访情况报告填写要及时，重要信息要记录在案。

（4）客户的服务改进建议以及其他信息要定期反馈给酒店的相关部门，投诉处理要在1个工作日内给出答复。.

2.预订工作质量标准。

（1）接受客户电话、电传、上门等各种形式的预订，营销服务人员要服务规范，程序完善。

（2）营销服务人员要严格掌握客房周转情况、客房设备的完好程度以及近期客流量等，合理接受预订，保证预订人数不超过酒店的服务能力。

（3）做好预订资料和客史档案的收集存档工作，做好各种接待工作和折扣优惠工作。

（4）及时根据客房出租率预报，调整促销策略，确定近期促销重点。

3.宣传广告管理质量标准。

（1）在制定宣传广告前，要尽可能收集到所有竞争酒店以及其他酒店的广告资料。

（2）酒店的宣传广告要框架构思独特、文字说明简洁。

（3）广告宣传制作完成后，要广泛征集相关人员的意见，并要根据合理可行的意见进行修改。

（4）广告宣传正式启用前，要提交给相关领导审核，以保证广告宣传的制作质量。

4.贵宾（VIP）接待质量标准。

（1）在接待贵宾时，营销服务人员要注意仪容仪表、礼貌礼节，接待要热情周到。

（2）要根据各级贵宾的身份，提供相应的接待规格和内容。

（3）全程陪同贵宾，及时反馈情况。

5.营销合同管理质量标准。

（1）各种营销合同标准样本统一、规范。

（2）营销合同双方名称、法定地址、

随手札记

法人代表、有效期、双方权利义务职责、结算方式、附列条款等内容要列举清楚，避免使用可能产生歧义的词汇。

（3）营销合同双方代表签署合同后，盖章生效。

（4）营销合同要及时归档，统一保管。

6.客户档案管理质量标准。

（1）建立客户档案时，要详细填写客户的消费数据信息。

（2）客户档案要有专人保管，并要定期整理。

（3）要有专人进行档案跟踪，这样便于酒店有关部门开展促销工作。

7.办公室管理质量标准。

（1）在营销服务办公室，要做到有岗、有人、有服务。

（2）上岗人员按酒店规定着装，做到仪容仪表整洁、大方。

（3）保持办公室环境卫生，办公物品要摆放有序。

（4）保持办公室设施设备运转正常，清洁完好。

（5）遵守酒店纪律和各项规章制度。

（6）做好交接班工作，交接工作日志要填写详细、清楚。

（7）营销管理人员要加强现场管理和督导，加强工作考核。

这种培训不像营销技能培训，完全掌握后就不必再学，它必须长期进行下去，以不断强化营销部员工的服务意识，使他们在任何时刻都不能松懈，要严格遵守培训中的服务规范。只有这样，员工才能慢慢形成牢固的服务意识，以便在日后对客服务中做得更好。

（二）营销技能培训

要想使营销部员工以最佳效果完成工作，营销经理就必须对他们进行营销技能培训。尽管有些在职员工已接受了这些培训，但在平时的工作当中往往又忽略了，如有些营销人员在与客户签订营销合同时，对有些条款不清楚，也没请教营销经理，结果导致酒店与客户之间产生纠纷。因此营销经理可以通过这些营销技能培训使在职员工的营销水平得到不断的提升。

营销经理对在职员工的培训不能像对新员工的培训一样大而全，而是要专业化、精细化，对每一种营销手段进行全方位的培训，以便在职员工能巩固自己已掌握的营销技能。

下例是某酒店对营销人员接听电话技巧的培训方案，仅供参考。

【范例13】

××酒店营销人员接听电话技巧培训

培训时间：8月6日下午

培训人：×××

接听电话是营销经理和营销人员经常性的工作之一。营销经理必须清楚地知道：任何一个打进来的问询电话都可能是一宗买卖的机会。对于打进来的客人问询电话，我们可按以下程序处理：

1.迅速接听。

营销人员在电话铃响过第二声后，必须马上接听。上班时间故意挂上话筒不接电话或办公室无人接电话的行为都必须严禁杜绝。

2.报明身份。

拎起电话的第一句话应该是："您好!"紧接着就必须报明自己的身份。这有三种情况：接线生报出酒店名称；秘书或营销人员报出部门的名称；主管或经理必须报出自己的姓名。接着营销人员在与客人交谈时，要及时作自我介绍：姓名及职务。主动报明身份是销售成功的第一步。

当客人在你接听电话后，为了确认这是他要找的部门，很可能问一句："请问这是营销部吗?"你的回答不能只是"是的"那么简单，正确的回答是："是的，先生，这是××酒店营销部。我是营销部的营销人员×××。请问有什么我可以帮到您吗?"当然与此同时必须牢记客人的姓名，并在通话中经常使用他的姓氏尊称他。

3.语气愉悦。

电话销售的一个基本特点就是营销人员与客人互不相见，你的面部表情再丰富、面貌再姣好、衣饰再漂亮，对你的营销成败几乎都没有任何影响。在电话销售中唯一重要的是你讲话的语气、语调及用词。一个优秀的营销人员必须做到语气平和，语调轻松，用词得当，给客人愉悦的感受，让听电话的客人可以迅速被你的轻松自如所感染，愉快地进入谈话状态。

4.纲举目张。

在与客人通话的开始几分钟，要尽可能让客人多讲话，弄清客人的全部要求，准确理解客人的意思，掌握客人尽可能多的资料。切忌客人刚说要5间房，营销人员就打断说"可以呀，要什么等级的房?"要聚精会神地倾听，抓住问题中心，保持礼貌态度，简明准确地回答。

5.掌握分寸。

客人第一次打来的电话常常是作一些基本的询问，了解你酒店的相应设施及价格，很可能还会与你的竞争对手作一些比较才能决定。营销人员应根据客人所关心的问题作出全面而详尽的解答，掌握分寸，适可而止；切忌在第一次电话中就咄咄逼人地强买强卖，一定要客人给你一个肯定的答复。处处表现出你以他的利益

随手札记

为依归，让他感觉到，选择你的酒店也将会满足他的需求，是他自己作出的正确选择，而不是你作为营销人员推销的结果。

6.做好笔录。

任何时候酒店营销人员的电话边都必须备有纸笔，养成良好的电话笔记习惯。记录的要点：对方姓名职务，公司名称、电话，来电时间日期，询问的内容（时间、人数、所需服务、特别要求等），你的答复要点，如某项报价、应承稍后作答的事项、邀请来访的时间等。随后把电话记录完整抄录到“销售分类登记卡”中，以便跟踪落实。

7.“请您稍等”。

在酒店电话销售中，这句话应尽可能不用或少用。发生这种情况的原因不外是营销人员对客人所查询的酒店事项不够熟悉或另有事情干扰营销人员正在接听的电话使他分心。对于前者，营销人员必须在平时苦练基本功，对于酒店任何与销售有关的事项都必须了如指掌，并能融会贯通，灵活运用。对于后者，这就需要营销人员队伍的互助精神，其他同事应立即解围协助。即使万不得已，要让客人稍候，也必须真正做到“稍”，切忌让客人久等。

8.终止通话。

当客人问完所有问题，你也已作了详尽的回答之后，双方的通话就要结束了。这时，营销人员切忌说：“如果没有其他事，那就这样吧。”以此催促客人结束谈话，表现出你的不耐烦。要尽可能向客人表现出你的关心，“×先生，您看除此之外，您还需要其他什么服务吗？”“×先生，我一定在今天15：00之前把您所提的一切要求以书面传真给您确认。”如果客人真的没有其他要求，他自会主动结束谈话。此时，营销人员确认客人话已说完之后，一定要说：“谢谢您的电话！再见!”

（三）外语培训

外语培训对涉外酒店或接待外宾较多的酒店较为有用，它主要分为两部分：一是酒店岗位外语部分，要求每位在职员工都必须达到某种水平，如初级、中级或高级，同时明确要求不同级别员工必须达到的外语水平：如领班主管必须要通过中级，基层员工必须通过初级，而部门经理必须通过高级等，否则不给予提升或加薪。

特别提示：

营销经理应将外语作为员工素质的一部分，纳入到酒店薪酬体系当中。当然这就要求培训部的外语培训资料是完善的和客观的，对不同级别的外语的培训资料、考核等必须是配套的。另一部分就是一般性的外语培训，同样可分为初级和提高级两类，主要是为那些外语基础程度不同的员工设置的。

三、酒店会议营销工作

要想做好会议营销工作，营销经理必须正确认识会议市场目标，只有全面掌握了会议市场的类型，才能制定更有针对性的营销方案。

（一）企业会议

1.企业会议的类型

企业会议是本行业、同类型以及与行业相关的公司在一起举办会议。企业会议常是以管理、协调和技术等为内容的会议，具体如表3-4所示。

表3-4　企业会议的种类

序号	类别	具体内容	备注
1	管理者会议	企业各级管理者由于他们必须对企业的现状负责，因而需要经常召开会议，讨论企业的经营方针和需要解决的问题，如企业主管会议，企业董事会议	会议规模很小，会议时间不长，一般为两天，但要求能提供便利的会议条件。营销经理要为他们提供尽可能方便的会议条件
2	股东会议	企业每年要召开非职员会议，即企业持股者的股东会议，尤其是上市企业	
3	销售会议	一般为新产品介绍和新的销售市场的开拓。通常需要营销者和购买者面对面洽谈。全国性营销会议 般持续3 4天，地方性营销会议为1～3天	一般由酒店的营销部门或市场部门来安排。随着经济改革的深入，各行业批发商包括经纪人、经销商、代理商相继出现
4	技术会议	工程师、科学家、学术人士等通过会议的形式来展示科学技术和学术研究的进步情况，传达新的观念及更新的技术等	参加这种会议的人士一般年龄偏大，营销经理应重点考虑便捷舒适方面的工作安排，如将会场设在一楼，方便他们进出等

随手札记

（续表）

序号	类别	具体内容	备注
5	培训会议	技术培训，办公室人员培训以及营销人员、中层管理人员和高层管理人员的培训等	根据不同需要可分为公司内部培训（即在岗培训）和公司外部培训，一般公司管理人员通常在公司外培训

2.开发会议的对策

营销经理对企业会议业务的开发，必须将重点放在企业会议的决策者身上。对会议作出决定的权威人士，不仅每家企业不同，而且同一企业每年都有变化，这就要求营销经理对企业内部与会议决策有关部门有一个基本的了解。

（二）协会会议

地方性协会、全国性协会乃至世界性协会，如中国旅游酒店协会、美国酒店协会、国际酒店协会等，每年都要举办各种会议。营销经理应熟知这类会议的种类和特点。

1.职业和科技协会

各专业技术和学科领域所成立的各种协会长期以来形成的传统性的会议，通常由学科带头人主持召开。这类协会所涉及的主题范围很广。每种行业一般都有自己的协会，如商业协会、贸易协会、医药协会、包装协会、酒店协会、印刷协会等，这些行业和科技协会每年都要定期聚在一起进行学术交流、探讨和专业培训。

特别提示：

这种会议的举办时间一般是固定的，营销经理可提前查询，在会议召开前对他们开展营销活动。

2.贸易性协会

贸易性协会是指以行业协会和组织牵头，按行业和产品类别组建的协会。这类协会以贸易洽谈为主要会议形式，常伴有商品展览。协会成员一般都是相关企业的营销人员。贸易性协会有地方性的，也有全国性和世界性的贸易性协会。

3.会议开发的对策

了解协会组织有利于营销经理有针对性地开展促销工作。协会组织有两种形式。

（1）大型协会组织。全国性大的协会组织，有专职、长期的协会管理成员。如协会秘书长、副秘书长、协会主任。协会的管理者对酒店来说是非常重要的，营销经理的工作往往从他们开始。营销经理应注意收集或存档每一个协会及协会的关键成员的相关信息。

（2）小型协会组织。这类组织没有专职管理者。一般都挂靠在某个行业或科研机构下。由其管理人员或专家兼任协会的秘书长等。

（三）会议营销准备工作

1.了解会议消费要求

会议被公认为是旅游业中利润最丰厚的产品。与会者不仅要住宿用餐，而且还在娱乐、旅游和购买等方面有自己独特的消费需求特征。下面有关会议活动开支的介绍将有助于酒店营销经理对会议活动消费的了解。

（1）显性开支。显性开支是指较为明显的开支项目，具体如图3–1所示。

（2）隐性开支。是指不明显的开支项目，具体如图3–2所示。

2.会议不同阶段的开支

会议不同阶段的开支，具体如表3–5所示。

3.场地需求

由于经营会议的酒店客流量较大，不但有住店客人，还有外来参加会议的客人，因此，它的厅堂面积比同等普通酒店要大1倍左右，比度假酒店要大30%。由于有大量的非住店客人，餐厅和酒吧的容量又要比上述酒店大10%～50%。其购物设施也要比市区、郊区或机场酒店大50%。

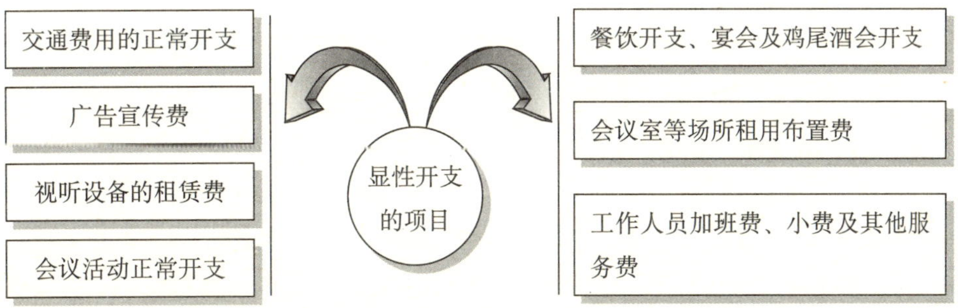

图3–1　显性开支的项目

随手札记

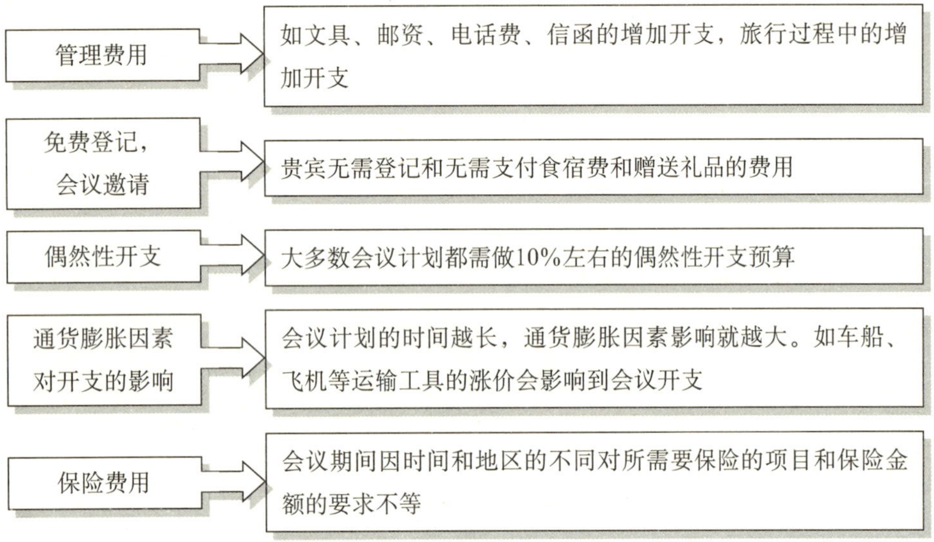

图3-2　隐性开支的项目

表3-5　会议不同阶段的开支

序号	阶段	具体费用	备注
1	会前	(1) 管理费用：文具邮资、电话服务、办公设备（租金等）、速记服务等各项费用 (2) 计划费用：组织者的筹备费用、计划费用 (3) 与会议相关的资料、简报等费用 (4) 宣传费用：资料打印服务、邮资与邮寄服务费用、文娱活动和旅行费用、公关费用等	

会议和多功能设施要比一般商务酒店多1倍，比度假酒店多1/3。为了营销会议和提供辅助服务，会议酒店的行政区面积比市区酒店和度假酒店要大15%，其办公室面积比一般酒店大25%。

主要会议厅之间的连接要便于参加会议或展览的客人在宴会厅和展览厅之间以及会议厅和分组会议室之间的流动。如果上述设施中有的设施分散在不同楼层，则需要在各个会前集合区之间设置自动楼梯和视控装置。

4.设施设备需求

会议常见的设施设备，如表3-6所示，营销经理应确保酒店拥有这些常用的设施设备。

5.确定本酒店接待条件

营销经理要想成功地进行会议营销，除了要清楚会议消费者的各种需求外，还要了解本酒店的各项接待条件，如果酒店条件无法满足会议需求，营销经理就无法提供满意的营销成果。

营销经理应根据会议规模大、规格高、要求多、更改频繁的特点来经营。其

（续表）

序号	阶段	具体费用	备注
2	会中	（1）管理费用：供应品（大会徽章、会议签到、会议纪念品以及会议小册子）、运输费用、储藏费用、保卫、设备、保险、速记、职员旅费等 （2）会议活动费用：演讲者和与会者的费用、设备租金、场地租金、会议用品的购置费用、娱乐费用、餐饮费用、交通费用及其他服务费用	
3	会后	交通费用、运输费用、印刷费用（会议报告和总结）、报告准备费用、邮资、会议评估过程费用	

表3-6　会议常见的设施设备

（1）屏幕	（10）舞台	（21）横幅
（2）投影仪（胶片投影仪及多媒体投影仪）	（11）夹纸板	（22）指示牌
（3）录像机	（12）大白板	（23）告示牌
（4）DVD	（13）签到台	（24）桌卡
（5）音响	（14）名片簿	（25）主席台
（6）话筒（有线、无线、立式、座式及纽扣麦克风）	（15）马克笔	（26）盆景
（7）镭射笔	（16）铅笔	（27）鲜花
（8）幻灯机	（17）信签	（28）背景板
（9）讲台	（18）会议桌椅	（29）隔板
	（19）插线板	（30）灯光照明
	（20）彩电	（31）同声翻译系统

随手札记

具体措施如下：

（1）设施能满足会议的要求，包括房间、会议室、设备、展厅及休息厅等。

（2）会议的环境、氛围等有利于会议目标的实现。

（3）能满足会议赞助单位或主办单位对会议场所的要求。

（4）注意会议地点的气候、温度及季节性的活动。

（5）会议地点的风土人情和习俗对会议有何影响。

（6）满足与会者家属或同伴的休闲活动需要。

（7）充分为与会者提供交通方便，包括与会者乘车、船、飞机往返的方便和会议期间提供交通的方便。

（8）会议地政府有关政策，如对外地车辆的管理、货运的限制、保险及税收政策等。

（9）酒店营销、前厅（预订、行李）、餐饮、客房、财务和保安等各部门要通力合作。

（10）配备有会议服务经验或熟练的服务人员以及有会议组织经验的专门人员。

（11）酒店应充分利用本酒店或本地区的运动项目、文化活动、旅游景点、娱乐活动、商务活动等来吸引或方便与会者。

（四）会议营销操作程序

1.前期准备

（1）提早给所有与酒店签约的公司、旅行社及会议、展览会、娱乐活动等组织机构寄送有关会议厅的宣传函件，在收到有关问询后，会议销售人员要及时跟进。对上述潜在客户，保持寄送会议厅最新的推广资料。

（2）为目标公司、会展组织者、旅行社举行一次熟悉酒店的参观活动，让其对酒店产品有感性认识，从而在宣传酒店方面树立信心。

（3）通过与当地会展中心接触，保持与当地旅游协会、外商投资协会等各行业协会的紧密联系，收集有价值的市场信息或联合推广，争取举办今后的会议、展览和研讨会、座谈会等。

（4）与当地旅游贸易机构和政府机构以及各地政府驻当地办事处，建立良好的人际关系，争取举办招商会、展览会等。

（5）与各类培训机构、证券交易所、新闻机构等组织建立联系，提供专业会议服务建议，争取商机。

（6）宣传和促进当地大型的贸易展览，最大限度地激发客户对会议厅的兴趣，并借机树立酒店会议厅的公众形象，提高知名度。

（7）对国内外知名的公司进行常规销售拜访和电话促销，以争取潜在的商机。

2.确认及签订合约书

营销经理要求营销人员在预约时一定要记下客户所有的要求，但客户日后可能有变化，所以，营销人员必须将双方所同意的事项记录在合约书上并请客户签字，以保障客户与酒店自身的权利。

如果客户没时间亲自到酒店进行签约手续，营销人员可以通过书面、传真或邮寄的方式，将文件送交至客户手中，请客户在合约书上签字，签妥后再传真或邮寄回以示慎重。

在签订合约时，酒店通常会要求收取费用的10%作为订金。

3.发布会议通知单

营销经理在与客户谈妥承办会议细节后，对内应发布一份类似公文的会议通知单，告知各个部门在该会议中所应负责的工作。

会议通知单即可称为这些工作部门的“工作订单”。会议通知单的内容包括契约书中的主要资料，以及各部门所需准备的物品内容和相关事项，如会议时间和相关事项、接洽人、特殊要求等。各部门接获会议通知单后，必须按照通知单上的要求执行工作，如表3-7所示。

表3-7　会议接待通知单

填写人：　　　　　　　　　　　　　　　　年　月　日

<table>
<tr><td colspan="2">会议组织单位</td><td colspan="4"></td></tr>
<tr><td>会议时间</td><td colspan="2"></td><td>人数</td><td colspan="2"></td></tr>
<tr><td rowspan="2">会议厅</td><td>贵宾厅</td><td>厅</td><td>号会议室</td><td colspan="2">其他</td></tr>
<tr><td></td><td></td><td></td><td colspan="2"></td></tr>
<tr><td>标 准</td><td colspan="2"></td><td>结算方式</td><td colspan="2"></td></tr>
<tr><td>联系人</td><td colspan="2"></td><td>联系电话</td><td colspan="2"></td></tr>
<tr><td colspan="6">会议要求：</td></tr>
<tr><td colspan="6">备注：</td></tr>
<tr><td colspan="6">抄送：客房部、餐饮部、前厅部、工程部、保安部、康乐部、总经理办公室</td></tr>
<tr><td colspan="2">营销部经理</td><td colspan="4"></td></tr>
</table>

随手札记

4.再次确认

客户有时候会对会议细节稍作修改，如参加人数的增减等。为适应这种临时变更，营销经理应该在会议举办前一周，再次与客户确认会议相关事项，将发生错误的可能性降至最低。

在以电话或传真方式与客户确认后，如果没有需要变更的事项，一切准备工作即可依照会议通知单所述进行；但若客户对于会议提出任何变更，营销部门就必须马上以会议变更单通知各相关部门，见表3-8。

会议接待变更单上须详细注明会议原案及修订后的变更项目，清楚地告知相关部门必须修改的工作项目，这样各部门即可依照变更内容调整工作，合力达成客户的要求。

四、旅行社营销工作

旅行社是酒店客源的传统来源，与旅行社搞好关系是做好销售工作的重要步骤。营销经理应常与有合作关系的旅行社

表3-8　会议接待变更单

填写人：　　　　日期：　　　　变更□　取消□

会议名称				
变更或取消原因				
变更项目				
会议组织单位			人数	
会议厅	贵宾厅	厅	会议室	其他
标准		结算方式		
联系人		联系电话		
客户要求：				
备注：				
营销部经理				

报：总经理、副总经理；

送：总经理办公室、客房部、餐饮部、工程部、保安部、财务部、大堂经理、前厅部。

进行沟通联系，必要时可馈赠礼品，以此来维护彼此间的关系。同时，营销经理也应当积极联络新的旅行社，争取与他们成为合作伙伴，为酒店创造更多利益。

（一）制定销售访问工作规范

为了使访问工作取得成功，营销经理应制定一套访问工作规范，并要求所有员工按照该规范进行拜访工作，如下例所示。

【范例 14】

××酒店营销人员销售访问工作规范

旅行社销售人员在销售工作中应遵循一定的工作规范，具体工作规范的内容如下。

1.销售访问前的工作规范。

（1）查阅要计划访问的旅行社近期订房情况，比如订房日期、订房人数、订房天数、客源结构等信息。

（2）了解要计划访问的旅行社的最新人事变动以及部门设置情况。

（3）了解要计划访问的旅行社的资信情况。

（4）准备好酒店的广告宣传材料、报价表、旅行社销售人员自己的名片和礼品等。

（5）旅行社销售人员要穿着职业装、发型整齐、鞋面干净，女士还应化淡妆。

2.销售访问中的工作规范。

（1）旅行社销售专员在访问旅行社的相关负责人时，要面带微笑，主动、礼貌地问候对方，初次见面的还应双手递上名片。

（2）旅行社销售人员针对旅行社需求，宣传酒店优势，介绍酒店的硬件条件和设施、服务项目等。

（3）旅行社销售人员应实事求是地向旅行社负责人介绍酒店的经营近况，以赢得信任。

（4）旅行社销售人员要询问旅行社近期的客源情况。

（5）旅行社销售人员要详细介绍酒店最新的销售政策，邀请旅行社的负责人入住酒店，体验酒店的服务。

随手札记

（6）赠送礼品以增强销售效果，进一步融洽合作关系。

（7）征求旅行社负责人对酒店的意见和建议，并进行详细记录。

3.销售访问后的工作规范。

（1）访问完毕后，旅行社销售人员要撰写“销售报告”，在报告中对此次销售活动进行总结和分析，并提交旅行社销售主管进行审核。

（2）旅行社销售人员应将旅行社负责人对酒店提出的意见和建议及时反馈给酒店相关领导。

（3）销售访问结束一周后，旅行社销售人员应对访问过的旅行社进行电话回访，以便巩固销售成果。

（二）访前准备

1.筛选客户

营销经理从收集的旅行社资料、新闻报道以及营销部的市场调查资料等途径中选择适当的潜在旅行社客户，根据近期酒店的销售目的进行选取。绝对禁止对拜访的旅行社一无所知就盲目地上门拜访。

营销经理要对国内一些著名的旅行社集团，如中国国际旅行社总社，中青旅控股股份有限公司，中国康辉旅行社等开展定期拜访工作，如果能取得与这些大旅行社的合作，对酒店的声誉和收益会有很大帮助。

2.准备资料

营销经理在拜访旅行社前应准备好该旅行社的档案资料、酒店简介、酒店宣传册、特别推广单张宣传品、价格表、销售拜访报告、名片、记事本等。

（三）拜访客户

拜访客户的步骤，如图3–3所示。

步骤一	事先做好预约
步骤二	初次见面，作自我介绍，诚恳地送上名片，直截了当说明拜访目的，顺便说一句：“我不会占用您太多时间”
步骤三	取出酒店宣传册，递上准备送给对方的宣传材料，同时介绍酒店产品，以得体的言辞将自身产品的优势与对手产品的不足做类比
步骤四	如是曾经合作过的旅行社客户，首先表示感谢
步骤五	尊重对方的谈话兴趣，尽量让对方多开口介绍自己的单位或人，甚至可以谈个人兴趣爱好等，但要注意适当控制谈话方式
步骤六	如有投诉，即表歉意，做好记录，保证跟进

步骤七	尽量争取客户明确的预订或承诺，并确定下一次见面的时间、地点，但不要强行推销
步骤八	应把谈话时间限制在半小时之内，除非对方确有兴趣再谈
步骤九	记录：离开该旅行社后，营销经理立即填写销售拜访报告，详细记录所谈内容

图3-3　拜访客户的步骤

表3-9　销售访问表

日期	客户情况					拜访目的	准备材料	拜访结果
	公司名称	地址	姓名	职务	联系方式			

随手札记

（四）拜访技巧

在拜访过程中，有些技巧营销经理可灵活运用，以使营销工作达到最好的效果，如下例所示。

【范例15】

拜访技巧

（1）充分准备：拜访前要做好充分准备，无目标者很难说服对方去你的酒店消费。

（2）酒店说明：带去酒店说明让客人拿在手中。

（3）新闻报道：带上有关酒店的新闻报道，它会使拜访更有说服力。

（4）讲个故事：不经意地提起你曾经帮另一个客户的故事。

（5）中转介绍："上次××公司的×先生说你们旅行社在××方面超越同行"等。

（6）画龙点睛：不经意地提起重大客户的名字。

（7）客户名单：用高档的纸张打印一张主要客户的名单，以显示酒店的实力。

（8）客户感谢：准备一些客人的感谢信，以显示酒店的优质产品。

（9）长期关系：强调希望建立长期的合作关系，不要急推。

（10）互惠互利：我们不是"推销"，我们是"互惠互利"。

（五）跟踪落实

在拜访过程中如有投诉，营销经理可以就地解决。如有可能的预订，营销经理要记录在日历表上，并在适当的时间联络跟进。对拜访过的公司或单位，第二天必须打一个电话或传真表示感谢。

（六）签约

若旅行社同意与酒店进行合作，营销经理应准备好合同或协议书，让其仔细看过后进行签订，完成销售工作，以下是某酒店与旅行社协议书，仅供参考。

【范例16】

××酒店与旅行社协议书

甲方：××大酒店

乙方：××旅行社

甲乙双方本着友好合作、互利共赢的原则，就乙方组织的各种商务散客、旅游（会议）团队租用甲方客房等事宜达成一致意见，为保证双方的责、权、利，根据《中华人民共和国合同法》的有关规定，特签署如下协议：

1.房型及价格。

房型及价格见下页表。

2.预订程序。

（1）乙方在订房时，须在客人到达前10天（特殊情况除外）向甲方传真盖有公章的计划通知单，注明人数、房间种类、抵离时间、导游信息及特殊要求等。

（2）乙方订房如有变动、取消，要在客人到达48小时前传真通知甲方，否则视为认可，乙方应向甲方支付当天房费作

房型与价格表

（RMB：元/间·夜）

房间类型		门市价	淡季（11月至次年4月）		平季（5月、6月、9月、10月）		旺季（7月、8月，“十一”）	
			散客	团队	散客	团队	散客	团队
标准间	豪华楼层	418	188	90	230	110	270	140
	商务楼层	368	166	80	200	100	238	130
大床间	豪华楼层	488	220	110	268	130	318	160
	商务楼层	438	198	100	240	120	280	150
套房	豪华楼层	888	400	200	488	240	580	290
	商务楼层	688	360	180	378	190	450	230

（1）散客价格：含单份早餐（自助），少一份早餐减收20元，加则相反

团队价格：不含早餐，旅行社可选10元/位或20元/位标准的自助餐

（2）旺季价格：周五、周六价位在以上基础上另上调10元/间·夜

为赔偿，同时续后的订房自动取消。

（3）5间（含）为团队房，享受团队价格；团队住房遵循执行“16间免1间，8间免半间”的原则；房间加床费用为房费的半价。

3.入住程序。

（1）按照国家相关规定，乙方团队在入住之前，必须提供入住本人有效证件的原件，如身份证和护照，如不能达到要求，甲方将有权拒绝客人入住，后果由乙方承担。

（2）入住时间为当天12:00，退房时

随手札记

间延迟为13:30。

（3）如乙方客人在甲方住店期间对酒店产生投诉，经调查情况属实，后果将由甲方承担。

4.相关责任。

（1）对于甲方已给予确认的订房计划，甲方必须预留足够的房间数量；否则，甲方需采取升级房型、安排入住不低于同级别酒店等措施，并承担房费差价及由其引起的其他损失。

（2）对于多次临时取消已预订团队或者实际入住房间数与原先预订房间数差距较大的旅行社，甲方有权实行不接受预订、加价销售或全额预交团款等措施。

5.结算方式。

（1）现付：乙方在团队到达时缴纳押金，金额约为消费总额的1.5倍，离店时凭收据结算所有费用。

（2）预付：乙方预订超过一定数量或天数的房间时，或者在旅游特旺阶段订房时，必须预交一部分或者全额的团款，并将有关凭证传真至甲方。

本协议一式两份，双方各执一份，签字盖章后生效，有效期为壹年。

甲 方： 乙 方：

地 址： 地 址：

委托代理人： 委托代理人：

日期： 日期：

五、旅游网站营销工作

旅游网站是一种新兴的订票、订酒店方式。随着网络的普及，尤其是3G网络的广泛推广，越来越多的人在携程网、艺龙网等旅游类网站上预订酒店，这种方式比传统旅行社预订酒店更方便、更快捷，因而也越来越受到人们的欢迎。

营销经理应充分重视与旅游网站之间的合作，争取与几家大的以及本地的旅游网站合作，与他们签订合作协议，为酒店带来更多客源。

（一）国内旅游网站简介

1.专业旅游网站

客人通过旅游网站预订酒店时，往往会先考虑那些比较专业的旅游网站，如携程网、艺龙网、途牛网等。营销经理应对这些著名网站非常熟悉，并经常联络，争取与他们合作。国内著名的旅游网站，见表3-10。

表3-10 国内著名旅游网站

名称	内容
携程旅行网	中国领先的在线旅行服务公司，创立于1999年，总部设在中国上海。携程旅行网向5000余万注册会员提供包括酒店预订、机票预订、度假预订、商旅管理、高铁代购以及旅游资讯在内的全方位旅行服务。目前，携程旅行网拥有国内外5000余家会员酒店可供预订，是中国领先的酒店预订服务中心，每月酒店预订量达到50余万间/夜

（续表）

名称	内容
艺龙旅行网	艺龙旅行网引（NASDAQ：LONG）是中国领先的在线旅行服务提供商之一，通过网站、24小时预订热线以及手机艺龙网三大平台，为消费者提供酒店、机票和度假等全方位的旅行产品预订服务
同程旅游网	同程旅游网创立于2004年，是国内最大的旅游电子商务平台之一，也是目前中国唯一拥有B2B旅游企业间平台和B2C大众旅游平台的旅游电子商务网站
乐途旅游网	乐途旅游网是服务于中国大陆及全球华人的领先在线专业旅游媒体以及增值服务提供商。致力于向全球华人提供全面、多彩的旅游资讯，采用丰富并创新的表现形式，全力打造一个行者乐园
久游网	久游网创建于2005年10月1日，主要致力于为广大旅游爱好者提供翔实、专业的旅游资讯，全国景点深度介绍、旅游注意事项、旅游玩家的文章、旅游相册、旅伴交友、旅行社宣传等服务，目的在于让每个旅行者都能获得丰富实用的旅游资讯
芒果网	芒果网是一个由电话呼叫中心、网站及其他高科技接入方式组合成的非面对面客户服务中心，为游客提供以订房、订票、自由行套票、公司差旅管理为主打产品的旅游在线服务
山水旅游黄页	山水旅游黄页（www.lvyou114.com）是专业的旅游交流、旅游交易平台，也是您出游前的首选参考网站
捷旅网	捷旅网——全球华人旅游门户
去哪儿网（Qunar.com）	作为中国领先的旅游新媒体——“去哪儿”（Qunar.com），主张“自由、自主、自在”的旅行方式，积极推动中国在线旅游产业的持续创新和发展

随手札记

2.门户网站旅游频道

很多门户网站，如新浪网、央视网都设有旅游频道。这些网站平时客户访问量非常大，有部分客户可能会登录旅游频道查看旅游信息。营销经理也可根据酒店实际情况与这些门户网站展开合作，见表3-11。

3.地方及旅游景点网站

现在很多地方都设有本地的旅游网站，为来旅游的客人提供本地旅游信息，如景点、酒店等信息。许多景点也开设了自己的网站。营销经理应着重与这些本地的旅游网站及景点网站合作，以便将到本地旅游的客人带到本酒店住宿消费。

（二）联系与洽谈

营销经理在制订营销计划时，可考虑与上述这些旅游网站开展合作。网站的联系方式一般会在页面上显示，营销经理可安排时间对相关网站进行营销活动。具体洽谈方式、注意事项可参考本章上一节“旅行社营销管理”相关内容。

表3-11　门户网站旅游频道

21CN旅游频道	介绍旅游消费、出境、行装、交通、住宿、野外、安全等旅游信息
TOM旅游频道	丰富的旅游信息查询、旅游产品介绍
新华网旅游频道	传递旅游信息，发布旅游规章，关注旅游产业，介绍红色、民俗、自助等特色旅游
央视网旅游频道	央视网旅游频道由游天下传媒独家运营
新浪乐途旅游	乐途旅游网与新浪网合作频道，提供国内外各类旅游线路、机票、食宿等信息，同时介绍各地旅游景点、风土人情、户外攻略等
人民网旅游	中国权威旅游媒体，包括原创新闻、大型报道、政策解读、业界访谈等
南方网旅游频道	旅游介绍、游记，美景欣赏及线路推荐

（三）签约

与旅行社营销一样，营销经理对旅游网站的营销活动一旦取得成功，就要签署合同或协议书。下例是某酒店营销经理与某旅游网站签订的合同范本，仅供参考。

【范例17】

××酒店与××旅游网合同

合同号：

甲方：××旅游网（以下简称甲方）

联系地址：

乙方：××酒店（以下简称乙方）

联系地址：

甲乙双方按照互助互利的原则，达成以下协议：

1.乙方向甲方提供房间特惠价格如下（见下页表）：（货币：人民币）

2.若乙方门市价格调整或推出特惠价

房间价格表

客房类型	门市挂牌价	前台优惠价	底 价	售 价	是否含早
豪华套房					
豪华双标房					
标准双标房					
豪华大床房					
标准大床房					

中早：元/位　西早：元/位　中西自助：门市挂牌价　　元/位，住店客人优惠价　　元/位

加床：　　元/床

说明：（1）乙方提供给甲方的价格均包括所有附加费用如服务费等，含酒店代收的政府税。

（2）售价指甲方客人在酒店前台支付的房价，底价为乙方向甲方提供的实际结算价格，两种价格差额部分（以下简称“差额部分”）为甲方应获取的佣金。

（3）团队价根据实际团队情况，双方进行单团单议。

时，乙方应及时通知甲方，同时本协议条款1.中价格将根据下降比例相应下调，以便使建议售价和现付底价始终低于乙方现行的前台执行价格。

3.乙方按建议售价直接向甲方客人收取所有费用，甲方应于每月6日前向乙方提供上月甲方客人入住的详细资料。经双方核对并书面确认后，差额部分由乙方在该月15日前汇入甲方指定的银行账户，甲方需向乙方开具发票。当双方统计的房晚数有出入时，以乙方收银记录为准，如有跨月份的订房，计入下月份，凡预订后未入住及入住半天未支付全额房费而退房的，不计入房晚数内。通过甲方预定并实住的间夜，无论甲方客人是在乙方的前台现付，还是通过甲方预付或挂账月结房费

随手札记

的间夜，均应记入甲方总实住间夜量。

4.甲乙双方应对上述条款1.中的底价保守秘密，甲方的一切公开宣传均不应涉及此价格，乙方也不可将此价格泄露给第三方。

5.甲方客人结账退房时间为12:00，要求延迟退房时间，乙方可视当天房态尽量满足客人要求。对于延住半日的客人，乙方将以协议房价的50%向客人收取房费，不计入房晚数内。

6.为了更好地为客人服务，甲方需随时了解客人的意见，乙方应配合甲方做好22:00至7:00的实住审核工作，以便甲方了解客人的入住情况。

7.当甲方客人要求延住或加房时，乙方应让客人直接向甲方重新预订。如因特殊情况与甲方预订中心联系不上，可按甲方的售价予以续住，并记入甲方房晚总数。

8.甲方可免费向有条件的乙方提供网上订房系统“eBooking”，可实现实时订单传送和确认、房态实时修改、订单查询和审核等功能。

9.甲方以传真方式或者电子订单方式（eBooking）向乙方进行房间的预订、更改或取消，乙方将以传真确认或者电子订单方式（eBooking），并以收到乙方的确认为准。对于紧急订房，在无法联系到乙方销售人员的情况下，甲方可以直接发传真至乙方前台，由乙方前台按甲方传真内容先予以接待并在30分钟（不应超过30分钟）内给予答复。

10.乙方可根据酒店自身情况,在特定时期内选择需要或不需要订单担保，订单担保形式包括：客人个人信用卡担保/预付房费担保，设定（或取消）担保条件需要提前一周通知甲方酒店价格部，以便及时设置及操作。

11.对于超过一定房间数量的订单，乙方可根据酒店自身情况选择需要或不需要担保，如酒店需要担保请填写房间数量,超过10间的订单需要担保。

12.乙方应为甲方提供全面的酒店外景/大堂/餐饮/健身娱乐/客房图片、文字、店徽及标志。

13.甲方将经常向其客户推荐、介绍乙方，乙方应为甲方客户提供优质服务并尽量提供餐饮折扣、洗衣折扣、接送服务折扣等优惠。

14.为了使双方更好地合作，扩大客源，开展多种渠道的合作方式。现经双方友好协商，达成如下共识：

（1）乙方同意甲方在航空、电信、银行、邮政等多种渠道，开展以呼叫转接为模式为乙方发展散客资源。

（2）乙方同意甲方在电信相关酒店语音提示信息后以转接甲方呼叫中心的方式为乙方提供客源。

15.执行本协议过程中，甲乙双方应遵守国家相关法律、法规，并不得有损害对方公司形象的行为。乙方有责任和义务对客户提供优良的服务，并尽全力满足客户的需要。

16.协议条款1.中价格随市场变化经双方书面同意后可随时进行调整。未尽事宜双方友好协商解决。

17.若合同到期，双方未完成续约，也未书面提出终止合作的，则按最近的合同价格顺延，直至双方签署新的合同为止。

18.本协议一式两份，经双方签字、盖

章后生效，双方各执一份，具有同等法律效力。

19.本协议执行有效期为：____年____月____日至____年____月____日。

甲方：××旅游网站	乙方：××酒店
电话：	电话：
传真：	传真：
签署人：	签署人：
QQ：	QQ：
MSN：	MSN：
职务：	职务：营销部
业务联系人：	业务联系人：
邮箱地址：	邮箱地址：
签章：	签章：
日期：　年　月　日	日期：　年　月　日
财务联系人：	财务联系人：
职务：	职务：
人民币账号：	人民币账号：
开户行：	开户行：
开户名：	开户名：

六、员工每月绩效考核

营销经理在每月月底要对员工本月工作表现进行考核，以评估员工一个月的工作成果。

（一）建立考核标准

营销经理应制定合适的考核标准作为考核工作的依据。以下是某酒店营销部考核标准，仅供参考。

【范例 18】

××酒店营销部考核标准

一、办公室环境卫生

营销部是酒店形象的代表，营销部办公环境布置是否合理、整齐、美观，在很大程度上反映了酒店的管理水平及员工素质。

1.保持办公区域地面、桌面整洁、干净；不乱扔纸屑，不乱挂衣物、毛巾等（按营销部值日表并结合每个员工工作区域划分考核）。

随手札记

2.不许大声喧哗、恶意调笑，乱串工作岗位，要保持办公室内安静。

3.不得在办公区域或酒店公共区域吸烟（在未明确划分吸烟区前，只可在走道尽头或卫生间吸烟）。

4.爱护办公室设施及设备，损坏需照价赔偿。

5.办公区域内实行“六常”管理法（常分类、常整理、常清洁、常维护、常规范和常教育）。

二、工作汇报制度

1.销售人员每日参加部门销售早会，汇报当日工作计划。

2.外出销售或办事应先到岗位报到，然后方可外出（特殊情况除外，需向营销经理报告情况）。

3.每天按时上下班，不允许代签。

三、会客制度

1.会见客人或客户，一般在二楼西餐厅，用茶水或饮料招待。

2.上班时不允许与亲朋好友谈私事，不许将闲杂人员带入工作区域。

3.在办公室会客要注意保持办公区域环境的安静、整洁。

四、仪容仪表要求

1.上班着工作装，不允许穿便装出入对客服务区，外出洽谈业务时也必须着工作装。

2.拜访客户时穿着要整齐大方，维护酒店的形象。

3.男性留短发，不留胡须，皮鞋干净，衬衫领、袖干净。女性化淡妆，衣着文雅，忌着奇装异服、浓妆艳抹。

4.拜访客户前避免吃有异味的东西。

5.与客人交谈时，注意多用礼貌用语。

6.遇到客人投诉情况，妥善处理并及时向上级汇报。

7.对酒店造成不良影响、损害酒店声誉，并造成经济损失者，依情节轻重进行处罚，情节严重者，酒店可解除聘用合同并追究其法律责任。

（二）制定考核方案

营销经理要根据部门实际情况制定合适的考核方案来进行考核。以下是某酒店营销部绩效考核方案，仅供参考。

【范例19】

××酒店营销部绩效考核方案

一、考核指标

年度酒店经营指标为×××万元，具体由营销经理负责按月分解。

1.酒店经营指标计算的范围

酒店经营指标是指酒店员工和营销人员通过面对社会、面对市场所进行的销售业务活动。为酒店所带来的客房房间的租用收入包括客房的收入、会议室收入以及其他营业部门所带来的直接收入，如：客房部负责的客人洗衣收入、房间内迷你吧收入、房间客人的电话费收入、房间客人的赔偿收入等。餐饮收入不能计入经营指标。

2.上门散客的房间收入将作为前厅部的考核和提成依据，销售收入不纳入营销部提成，但纳入当月酒店经营指标。

3.如遇特殊会议（例如××公司等合作方），其产生的房费收入不纳入营销人员当期销售收入，但纳入当月酒店经营指标。

4.会员卡、婚宴和订餐预订及康体项目预订，所有营销人员均可以进行销售（但不鼓励将精力放于此），不计入酒店考核办法所指的销售指标范围，在××公司的销售收入可根据××酒店的提成办法享有提成，其提成总额的10%留于酒店，90%给予酒店营销人员（与××酒店的销售提成比例需酒店营销部自行协调确认）。

二、考核办法

（一）市场及人员划分

根据现有市场情况及客源结构，将现有市场主要分为：商务散客、会议（不含旅行社会议）、网络散客、旅行社（包括旅行社团队、散客和会议）。营销人员由营销经理按照以上目标市场进行明确分工，各自负责相应的市场或区域。

（二）薪酬构成

月度薪酬总额=基本工资（占工资总额的80%）+岗位工资（占工资总额的20%）+销售提成+补助费用

1.营销经理：基本工资为2000元/月（税前）+岗位工资为440元/月（税前）+交通补贴300元/月（税后）+电话补贴100元/月（税后）。

2.营销人员：基本工资为1500元/月（税前）+岗位工资为320元/月（税前）+交通补贴300元/月（税后）+电话补贴100元/月（税后）。

3.营销部文员按酒店领班级待遇，无业绩考核要求。

（三）销售指标绩效考核提成的计算

按当月酒店经营指标进行考核并计算绩效提成。

1.酒店提成将依照按劳分配和多劳多得的原则进行。

2.酒店在保证营销人员基本工资的基础上以绩效考核的办法，根据销售人员的实际绩效，由营销经理对提成进行分配和发放。

3.由营销经理将酒店全年经营指标按月进行分解，并按月将分解的指标下达到各营销人员。

4.如当月酒店月度经营指标未能完

随手札记

成，营销部当月不予提成，当月未完成的经营指标，也将平均分解到剩余各月完成。如当月完成酒店经营指标，营销部全员不扣款；当月超额完成的酒店经营指标部分，也将平均分解到剩余各月，并对剩余各月酒店经营指标予以冲减。任何对指标的调整和修改，均须由营销部报请酒店总经理书面批准后方可执行。

对未能完成任务营销人员的处理

职务	基本销售任务	未完成比例	处理办法	备注
营销部主管（考虑到部门运营及协调工作，营销部主管的任务将指定1名营销人员负责运作完成，客户由营销主管负责维护）	根据酒店月度经营指标制定	完成当月经营指标的50%以下	扣发全部岗位工资	一个月劝退（试用期内除外）
		完成当月经营指标的50%（包含50%）以上	按完成经营指标的比例扣发岗位工资	
		完成当月经营指标的100%	全额发放工资	
营销人员	根据酒店月度经营指标制定	完成当月经营指标的50%以下	扣发全部岗位工资	一个月劝退（试用期内除外）
		完成当月经营指标的50%（包含50%）以上	按完成经营指标的比例扣发岗位工资	
		完成当月经营指标的100%	全额发放工资	

三、应收账款

1.应收账款未能在协议规定期内结清而有挂账情况出现的，营销人员当月工资暂扣，并且不予发放提成，挂账款结清当日，全额发放营销人员工资及提成。

2.应收账款三个月未收回视为欠款，欠款由营销人员本人全额赔偿，在欠款确定之月起，每月实发工资按照基本工资发放，直至将欠款扣清为止。

3.欠款收回当日，全额退还营销人员扣款。

4.营销人员离职时，必须结清所有欠款。

5.每月由财务部统计欠款明细并提交人力资源部，经审批后执行扣款。

四、其他重要事项

1.营销部人员因业务性质的要求，工作时间相对灵活，尤其在提成方法下无法准确按工作时间精确计算。营销部人员出现的节假日、周末加班及平时的延时工作时间，酒店不予另行发放加班工资等费用，出现的病、事假由营销经理批准（酒店不再对此项扣款）。

2.营销部人员享有基本工资（相当于保底工资）和提成工资后，将不再享受酒店发放的其他与工资相关的酬金（节日发放的福利物品和过节费除外），营销人员工作餐费及工服洗涤费由酒店承担。

3.营销部人员因使用酒店的办公设备进行日常工作及业务联系所发生的办公及通信费用（其中不包括手机费，手机费按照考核办法的手机补助发放）由酒店承担。为了控制办公费用，营销部人员应本着节约的原则，营销经理更应该约束下属，避免出现非业务事宜给酒店增加成本。酒店有权对质疑的超时或私人电话拒付，并保留按照酒店的规定进行处罚的权利。

4.为了保证酒店月、年度营业指标的顺利完成，酒店营销部员工录用权、职位任免权归营销经理所有。

5.任何有偿广告事宜需由营销经理根据业务需要提请酒店批准，酒店将根据资金情况作出相应的选择和安排。

6.营销部因业务需要进行的交际应酬所发生的费用，需提前向酒店提出申请，经批准后由酒店承担。酒店将根据相关制度进行管理。

（三）考核分析

考核结束后，营销经理应对每个员工的考核结果进行分析，对表现优异的员工要提出表扬，对表现不好的员工要找出问题和不足之处，然后与他们进行协调改进，以使他们在今后的工作中不再犯同样的错误。

七、每月工作总结

编写月度工作总结是营销经理每月必做的一项工作。它对营销经理全盘了解营销部本月工作情况和安排下月工作计划有着非常重要的意义。

（一）编写工作总结的方法

1.查看每日、每周总结报告

在前面已详细讲到，营销经理要做每日和每周工作总结，以便于在每日早会和周例会上作报告。在编写月工作总结时，

随手札记

营销经理可查看每日总结和每周总结。

2.查看各项营业报表

营销部每天都会有大量报表，如客户访问表、客户合作意向书等。营销经理要善于从这些报表里面发掘有用的信息，以作出更精确、更完善的总结报告。

（二）工作总结的内容

营销经理写工作总结时要注意联系到营销部工作的各个方面，如卫生、纪律、服务、销售等。

要总结出工作中的问题所在，提出改进方法。下面是某酒店营销经理的月工作总结，仅供参考。

【范例 20】

××酒店营销经理三月份工作总结

××××年三月份，在酒店总经理的正确领导下，营销部积极跑市场，为酒店完成全年经济任务不懈努力。现将三月份工作汇报如下：

一、主要工作

会议接待市场。首先在酒店领导重点开发承揽中小型会议市场、注重内部公司会议接待的精神指导下，加强与关系单位的联系，了解收集会议信息，经常沟通，定期走访，对会议的各项要求进行逐步落实，认真接待好每一次会议。

三月份，接待了××区教委会议、××药业会议、××协会学术报告会议，接待公司会议2次（10楼会议室），××会议5次，每次接待任务都顺利完成。

二、跑市场，揽客源，巩固新老客户

要想生存就要开发新客源，三月份先后对老客户进行走访，如对××区政府各处室、区卫生局、城建局、执法局、经贸局、人事局、电车公司、衡器厂、进修学校、××区教委、××国税局等进行拜访，了解今年客源情况。重点拜访了三家网络订房中心：××网、旅程网、艺龙网。对周边老客户定期走访，电话联系，一方面加强沟通，另一方面了解当前市场信息。

三、加强与网络订房中心合作

网络订房如今已成为各类客人出差、旅游、商务活动的选择方式，为网络中心订房实现资源共享。三月份与××市××订房中心签订协议。同时与其他已签订协议的老客户保持着密切关系，每个月定期通过传真方式相互联系。

四、其他工作

（1）定期发放代金券。

（2）更换××××年一楼大厅特价菜牌。

（3）为公司租大客车到××慰问演出。

（4）接待一个小型婚宴（7桌）。

（5）受酒店委托与××银行商谈租赁事宜。

（6）把酒店四月份房价制定好后，通过传真通知各家订房网络中心。

为了拓宽销售渠道，利用电话、手机等通信设备定期加强与客户沟通。

（三）总结分析

营销经理要认真考虑哪些工作完成得不够好，要认真找出原因，进行改进。同时还要与月初制订的工作计划进行对比，看看哪些工作还没有按时完成，接下来又该如何继续完成。将相关对比内容填入专用表格中，见表3-12。

表3-12　月度工作总结与分析

序号	项目	月初计划	执行结果	对比	备注

随手札记

一日工作安排与落实

一周工作安排与落实

月度工作安排与落实

季度工作安排与落实

年度工作安排与落实

管理心得

管理心得，其实是酒店营销经理对自己个人工作的总结。可以是对某一个事件的看法，也可以是对某一项工作的实施计划；可以是成功的经验，也可以是失败的教训。

我的月管理心得

已办事项	
未办事项	
待办事项	
通过这一个月的工作，我最大的收获是：	

第四章

季度工作安排与落实

季度工作的安排，属于宏观性的，只有对一个季度的重点事项做到心中有数，才能按照季度安排做好每月、每周甚至每一天的工作。

作为营销经理，每一季度的重点工作都要有所侧重。但是，每一季度的工作中又有所重复。因此要想让自己能够从容应对，就必须将自己每一季度的工作事先做好安排。

一、制订营销部季度目标计划

（一）季度重点工作指引

营销经理可以制定一个季度重点工作指引，将每个季度重点工作大致分列出来。然后再对每一个季度工作进行具体安排，表4-1是某公司营销经理的季度重点工作指引。

> **特别提示：**
>
> 当然，你可以根据自己的实际情况来编制一份自己的季度重点工作指引表。

表4-1　季度重点工作指引表

季度	重点工作	备注
一季度	(1) 做好春节、情人节、妇女节的营销工作 (2) 制定员工激励方案 (3) 配合人力资源部招聘新员工 (4) 新员工转正工作安排 ……	
二季度	(1) 做好劳动节、母亲节、父亲节的营销工作 (2) 建立对客服务质量标准 (3) 建立与管理客户档案 ……	
三季度	(1) 建立部门突发事件应急处理预案 (2) 做好教师节、中秋节的营销工作 (3) 重点做好国庆节的营销工作 (4) 进行市场调查与分析 ……	
四季度	(1) 全力组织部门人员“十一”客人接待 (2) 年度客人投诉处理情况分析 (3) 营销部门年终工作总结及下年度工作安排 (4) 配合人力资源部对员工进行年终考核 ……	

（二）季度工作计划

营销经理确定了每一个季度的重点工作之后，就要制订每个季度的具体工作计划，如表4-2所示。

当然，季度工作计划形式多种多样，营销经理可以根据自己的需要来选择

表4-2 我的季度工作计划表

序号	工作内容	阶段目标	目标达成时间			责任人
			一月	二月	三月	

合适的形式。

二、受理员工离职

任何公司都会有员工离职，酒店也不例外。当有员工提出离职时，营销经理应仔细分析员工离职的原因，并采取措施，降低员工离职率。

（一）员工离职原因及应对措施

1.分析员工离职原因

一般来说，员工离职原因有以下几种：

（1）有的高素质员工为了实现自身的价值，谋求发展而离职。

（2）为了寻求更高的薪酬收入而离职。

（3）酒店被普遍认为是吃青春饭的行业，技术含量不高，所以员工为了寻求一份稳定的工作而离职。

2.降低员工离职率的措施

为了更好地留住员工，酒店经理可采取以下措施：

随手札记

（1）物质激励措施。比如，给员工支付高工资，改善员工的福利待遇等。

（2）精神激励措施。比如，诚心诚意留用员工，管理者强化情感投入，充分授权以满足员工干事业的需要等。

（3）不同周期的留人措施。

①引入阶段。让员工尽快适应环境。

②成长阶段。肯定员工工作，安排员工参加各种培训。

③成熟阶段。员工进行适度的培训后，给予畅通的调职或晋升渠道。

④稳定阶段。给员工增加福利或实施年金制。

有关员工激励的更多内容请参考本书第五章中的相关章节。

（二）员工填写离职申请表

（1）如果员工要离职，营销经理应先与其进行正式谈话，提出挽留，谈话内容应记入离职谈话表，如表4-3所示。

（2）如果员工执意要离职，营销经理应让其填写“离职申请表”，并上交由酒店所发的工作用品，如办公文具、工

表4-3　离职谈话表

员工姓名		谈话日期	
营销经理		人力资源	
谈话内容			
1.为什么会申请离职 2.薪资问题是否是你这次离职申请的主要原因 3.你认为酒店提供给你现在的职位合理吗 4.你喜欢你的工作吗 5.你现在所从事的工作是否是你所希望的？如果不是，两者的区别在哪里 6.你认为你现在得到的职位与你的能力相当吗？如果不是，请给出具体原因 7.你认为怎样才可以改善你现在的工作？如果不能改善，困难在哪里 8.你认为应该被给予更多的培训吗 9.对于这份工作，你面临的最大的挑战是什么 10.在你的工作中，你最喜欢的工作职能是什么？为什么喜欢			

（续表）

11.在你的工作中，你最不喜欢的工作职能是什么？为什么不喜欢
12.你在工作岗位上有安全感吗？如果没有，为什么
13.你所在部门的士气如何
14.你的部门为提高士气采取了什么措施
15.你的主管对你的工作是如何期望的
16.你觉得工作环境适宜你的工作吗（比如工作时间、工作位置等）
17.你对酒店福利满意吗
18.你是否了解酒店的相关政策与程序，如果不是，为什么
19.是否存在某些酒店可以做到的事情，促使你改变今天的离职决定
20.你愿意重新考虑离职决定吗
21.其他问题

随手札记

牌、工衣等，同时填写“离职清单”。待相关部门领导签字同意后，员工方可正式离职。

三、营销部员工招聘

招聘营销部人员是在人力资源部的协助下进行的，但决定聘用的权力还是在直接部门负责人——营销经理。

（一）向人力资源部申请增员

当有员工离职、请假或旅游旺季到来，营销部的人力明显不足时，营销经理要按酒店规定的程序填写“部门增员申请表”（见表4-4），呈交给人力资源部。由人力资源部安排员工招聘。在填写增员申请表的时候，尤其要关注你所需要人员的素质。

（二）面试员工

员工经过人力资源部的初步筛选后，通常来说，营销经理要主导这一面试工作，作出最后聘用与否的决定。

表4-4　部门增员申请表

<table>
<tr><td colspan="8">职位基本资料</td></tr>
<tr><td colspan="2">需求职位</td><td colspan="2"></td><td colspan="2">所属部门/工作地点</td><td colspan="2"></td></tr>
<tr><td colspan="2">需求性质</td><td colspan="2">□ 增编　□ 补缺</td><td colspan="2">需求人数</td><td colspan="2"></td></tr>
<tr><td colspan="2">拟到职日期</td><td colspan="2"></td><td colspan="2">直接汇报职位</td><td colspan="2"></td></tr>
<tr><td colspan="2">岗位试用薪酬</td><td colspan="2"></td><td colspan="2">岗位转正薪酬</td><td colspan="2"></td></tr>
<tr><td colspan="8">工作职责：</td></tr>
<tr><td colspan="8">任职资格要求</td></tr>
<tr><td>性别</td><td>□ 男　□ 女</td><td>年龄</td><td></td><td>户口</td><td></td><td>学历</td><td></td></tr>
<tr><td>教育背景</td><td colspan="3"></td><td colspan="2">专业技能</td><td colspan="2"></td></tr>
<tr><td>工作经验</td><td colspan="7"></td></tr>
<tr><td>其他要求</td><td colspan="7"></td></tr>
<tr><td>初试人员
复试人员</td><td colspan="2">本部门</td><td colspan="2"></td><td colspan="2">人力资源部</td><td></td></tr>
<tr><td colspan="2">申请人签名：</td><td colspan="2">部门经理签名：</td><td colspan="2">人力资源部签名：</td><td colspan="2">总经理签名：</td></tr>
<tr><td colspan="8">人力资源部填写</td></tr>
<tr><td>职位</td><td colspan="3"></td><td colspan="2">职级</td><td colspan="2"></td></tr>
<tr><td>试用薪金</td><td colspan="3"></td><td colspan="2">转正薪金</td><td colspan="2"></td></tr>
</table>

1.面试方法

一般来说，为了准确甄选合适的员工，营销经理可以采用测验和资历审查两种面试方法。

（1）测验。

测验方法如表4-5所示。

（2）资历审查。

资历审查须对所拟补充人员的所需资格条件事先作出明确的规定，以便建立工作绩效衡量准则。这些条件包括：

——对客人、对同事、对上级的态度。

——处理部门日常事务、应对突发事件的能力。

——所学专业知识、毕业院校是否与本酒店的企业文化相适应。

——个人目标是否能与酒店的整体目标相配合。

2.面试内容

面试是整个招聘工作中的核心部分，是供需双方通过正式的交谈，使营销经理能够客观地了解应聘者的语言表达能力、反应能力、个人修养、逻辑思维能力、业务知识水平、工作经验等综合情况，使应聘者能够更全面地了解酒店信息和自己在酒店的发展前景。那么，如何提高面试的效率，通过面试准确地判断适合

表4-5　测验方法

序号	名称	内容
1	专业测验	目的在于测试应聘人员在某项专业技能上已有的成就。例如，酒店所需人员为一财务部的出纳人员，则可以用简单的会计学知识及电脑操作知识来测试该应聘人员的专业能力
2	性向测验	由专家设计，以某些特定问题或特定方法来测验应聘人员是否具有某项特质。性向测验一般有智力、语文性向、数学性向、空间性向、图形知觉、文字能力、动作协调能力、动作速度、手指灵巧度、手臂灵活度等项目

随手札记

酒店的人才并吸引这些人才，是营销经理必须掌握的。

（1）初试。

初试主要是对应聘员工进行初步评估，营销经理可以通过初试检验出该员工是否符合酒店的价值观等基本信息，具体内容可填入初试评估表中，如表4-6所示。

（2）复试。

如果营销经理和人力资源部认为该员工初步符合部门需求，可以安排复试，对该员工的时间工作水平进行详细的测试。

【范例21】

营销部主管面试问题

1.能自我介绍一下吗?

2.你了解我们酒店吗?为什么选择我们?

3.你为什么要换工作?

4.你上一份工作的主要工作成绩是什么?

表4-6 初试评估表

应聘者：　　　　面试人员：

应聘职位：　　　　时间：

初试（使用）

综合评价（如：沟通能力、学习能力、创造性、持久性等）			
受教育情况（学历、专业）			
工作经验（专业背景及专长）			
服务至上理念	差 1 2 3 4 5 优		
团队协作精神	差 1 2 3 4 5 优		
沟通及语言表达能力	差 1 2 3 4 5 优		
诚实、开放、激情	差 1 2 3 4 5 优		
分析和解决问题的能力	差 1 2 3 4 5 优		
结果导向	差 1 2 3 4 5 优		
对行业的兴趣	差 1 2 3 4 5 优		
对工作的兴趣	差 1 2 3 4 5 优		
外语水平		电脑水平	
过去雇佣的稳定性	□非常稳定　□比较稳定　□经常变动		
个性气质类型	□外向　□偏外向　□中性　□偏内向　□内向		
应聘的动机	□应届毕业　□寻求发展　□提高收入　□人际关系 □其他（需说明）		

（续表）

常识考试成绩			
优　　势			
不　　足			
目前待遇（工资、职位）		期望待遇（工资、职位）	
可到岗时间			
决　　定	□进一步面试　□不录用　□存档		

面试人签字及日期：

5.你认为营销部在酒店中起什么样的作用？

6.营销部岗位该怎么编制？

7.针对我们酒店营销策略你准备怎样开展？

8.关于酒店营销你有何创新和优势？

9.你怎样控制销售成本和出台销售计划？

10.你认为我们酒店营销部应该采取怎样的激励机制？

11.怎样测算营销风险（签单/挂账）资金回笼。

12.对客人投诉及意见的处理办法。

13.客人档案管理怎样实施？有什么意义？

14.你的职业道德和维护企业利益的关系。

15.销售计划与其他部门的关系。

16.怎样维护酒店客户的长期性？

17.假如你被辞退你会怎样处理与企业的关系。

随手札记

【范例22】

营销人员面试问题

1.你在学校时曾参加过哪些课外活动?

2.求学时，你曾利用过课余时间打工吗?

3.你在学校时，曾担任过什么职务?

4.你觉得自己还有哪些特长没有写在履历表上?

5.你觉得你在时间安排方面的能力如何?

6.你觉得自己最大的优缺点各是什么?

7.你通常从事什么样的休闲活动?

8.请描述一下你自己的个性?

9.你找工作时最在乎的是什么?请谈一下你理想中的工作?

10.你认为有礼貌的服务和敏捷的服务哪个更重要?

11.请阐述营销人员的工作流程?

12.你觉得什么样的客户最难相处?

13.公司什么样的管理风格是你所欣赏的?

14.你喜欢团队合作的工作方式，还是独立作业?

15.在工作中，你与同事之间发生争吵时，你会怎么做?

16.对于领导的批评，你通常会有什么样的反应?

17.在工作中，如果明知“这样做不对”，你还会按主管的指示去做吗?

18.请谈谈你在工作中感到最沮丧的一次经历?

19.你与同事之间曾有过不愉快的相处经历吗?

20.你如何克服工作中的低潮期?

21.你可以接受工作外调的安排吗?

22.请谈谈你对加班的看法?

23.你想通过哪些方式得到晋升机会?

24.你觉得要获得职业上的成功，需要具备什么样的特质和能力?

25.你期望的工资待遇是多少?

26.你会考虑接受低于期望的待遇吗?

27.你对于我们酒店了解多少?

(三)员工录用

一旦员工通过复试，营销经理应通知人力资源部向其发送录用通知书，以便安排培训工作。

四、新员工入职培训

酒店人力资源部会对新员工进行总体培训，如介绍酒店的各项规章制度。当员工分配到营销部之后，营销经理要从营销部门的角度出发，对新员工进行部门级专业培训，这是以部门相关工作为主。

新员工入职培训是营销经理的一项重要工作职责，缺乏培训可能会导致新员工在工作中出现失误、工作效率低下等情况，从而降低客人满意度，影响整个酒店的收入。

(一)新员工培训要点

1.分配工作岗位

营销经理在分配新员工到工作岗位时不一定要将其分配到人手不足的部门。重要的是，该工作岗位上一定要有优秀的指导员。让新员工到有优秀指导员的工作岗位上去接受一年或半年的培训。

2.新员工上班前，对老员工的教育

营销经理要教授新员工工作流程、规则及工作方法，首先要做的就是要求老员工按照标准程序来做。因此，在新员工上班的前一个月左右，就应该对老员工进行教育，教育内容可以与老员工商讨决定。老员工向新员工提出计划教授的项目，以便对其进行指导。老员工自己也要熟练掌握这些项目。

3.制订完备的、科学的培训计划

工作计划越详细越好。当然，首先要将工作上的知识、技巧和各个工作岗位固有的传统精神等方面，详细地列出来。计划中比较困难的可能就是态度培训。态度培训中最重要的一项是设定具体而可以付诸行动的目标，而不是抽象的口号。

营销经理如果能以积极和协助的态度，并亲自去教导新员工的话，就很容易达成目标。

4.在工作中培训

培训新员工的重点应该放在工作中。例如，若要培训新员工的团队精神，可以以两三名员工为一组，并给他们时间限制，要求他们在规定时间内完成某件事。如此培训不但可以使他们体会到团队精神的重要性，也可以让他们彼此之间建立起良好的人际关系。

5.帮助新员工建立人际关系

新员工一般会很担心自己是否能建立良好的人际关系，多数的人际关系是借着工作建立的，下面是一些更实用、更有效的帮助新员工建立人际关系的方法：

（1）工作中的闲谈。营销经理偶尔也要和新同事谈些轻松的话题，在一种轻松的气氛中帮助新员工建立良好的人际关系。

（2）离开工作岗位后的休息。营销经理可以利用休息时间聚谈，搞些文体活动等，这样更容易让新员工同老员工搞好关系。

随手札记

（二）制订培训计划

营销经理应针对新员工的特点，制订相适应的培训计划，然后按照计划开展培训工作，以下提供一范例，仅供参考。

【范例23】

××酒店营销部新员工培训计划

一、店内了解

1.熟知酒店员工手册的各项内容，了解酒店文化。

2.了解酒店的产品知识，包括参观客房、餐厅及相关设施。

3.了解营销部的各项规章制度，并在日常工作中以此为准则。

4.了解营销部组织结构，了解办公室的管理知识。

5.了解价格体系，尤其是房间的价格和会议室租金等。

6.熟知酒店各种房型的配置及布局。

7.知道如何与同事合作和与其他部门沟通。

8.了解营销部的主要任务和营销理念，以及怎样与客户沟通（包括电话使用语言）。

9.了解相关的电脑知识，使用终端以便更好地掌握入住的客人和VIP客户的相关信息等。

10.掌握制定公司合同、会议书面报价格式等。

11.了解客户的档案管理和如何填写每天的工作汇报、如何编写每周工作总结、怎样制订每周拜访计划。

12.明白做销售时拜访客户的目的及如何提前与客户预约和介绍自己与酒店。

13.熟知每日客房报表及每日酒店销售分析报表。

14.熟知并制定不同价格体系的商务合同及各种不同类型的长住合同（中英文）。

15.掌握与客户洽谈业务的沟通能力。

16.培养销售意识，学习如何管理老客户和开发新客户。

17.了解承接会议的必备条件和会议的操作程序和步骤。

18.客户产量的管理。

19.如何在客满时最大限度地增加收入。

二、宴会销售

1.熟知各种不同价格宴会菜单。

2.熟知餐饮不同时期菜式变化及促销活动。

3.熟知不同时期的市场变化及竞争酒店宴会相关信息。

4.及时与客户进行沟通及做好相关反馈信息储存。

5.如何开发和跟进潜在客户。

6.如何下发EO通知单。

7.如何做预约和电话拜访。

8.如何与其他部门做好沟通和协调工作。

三、市内拜访客户

1.如何进行电话预约及自我介绍。

2.如何制订拜访计划。

3.了解自己的工作使命及目标，在工作时间内，如何保持良好的工作状态和自我形象。

4.与资深销售员一同做客户拜访，在此期间可以学习一些销售语言和技巧。

5.如何做好当日工作小结。

四、异地拜访客户

1.如何进行电话预约及自我介绍。

2.如何制订异地客户拜访计划、出差费用。

3.如何与异地客户进行第一次拜访。

4.如何与异地客户保持长期稳定的联系。

5.如何编写异地客户拜访报告。

（三）培训成果评估

培训结束后，营销经理要对新员工培训成果进行评估，以便切实了解新员工对所培训内容的掌握程度，如表4-7所示。

如果新员工对培训中的相关内容仍不清楚，营销经理应安排培训老师进行耐心讲解，必要时自己应亲自讲解。

表4-7　新员工培训成果评估表

序号	类别	评估标准
1	工作的流程评估	（1）了解工作流程 （2）了解内部上下级关系 （3）了解横向的联系、合作关系 （4）了解与同事之间和睦相处的重要性 （5）做工作必须有始有终
2	指示、命令的重要性	（1）了解上司的指示、命令 （2）将上司的指示、命令记录备忘 （3）指示、命令若有不明了之处，必定确认到懂为止，复诵指示、命令，加以确认 （4）遵守指示、命令
3	工作的步骤、准备	（1）了解工作步骤 （2）了解工作准备得当，进展就顺利

随手札记

（续表）

序号	类别	评估标准
3	工作的步骤、准备	(3) 了解工作步骤的组织方式 (4) 了解工作的准备方式 (5) 按照步骤完成工作
4	报告、联络、协商	(1) 了解报告、联络、协商是工作的重点 (2) 报告时，先讲结论 (3) 联络应适时、简要 (4) 了解协商可以使工作顺利完成
5	经营理念	(1) 了解酒店的经营理念 (2) 随口能背出经营理念 (3) 会逐渐喜欢经营理念 (4) 以经营理念为荣 (5) 以经营理念为主题，写出感想
6	营销部的组织、特征	(1) 以简单的图解表示出本店的组织 (2) 了解各部门的主要业务 (3) 了解本店的产品 (4) 能说出本店产品的特征

五、新员工转正工作安排

营销部新员工入职后一般会有一段时间的培训期，如上节所述。培训结束后营销经理会为他们安排一段时间的试用期，大多数酒店的试用期为3个月。在试用期内营销经理会安排新员工参与实际工作，观察新员工的工作表现，并视情况决定是否接受其转为正式员工。

营销经理应高度重视这项工作，因为一个新成员的到来可能会给营销部带来许多变化，对营销部业绩产生影响。因此在新员工试用期结束后，营销经理应按照相关步骤做好新员工转正安排。

（一）转正申请

营销部新员工试用期结束后，需要填写转正申请书，向营销经理和酒店表明其参与正式工作的意图。

（二）转正考核

营销经理在接到新员工的转正申请书后，应即刻组织对新员工的转正考核。

（三）考核审批

营销经理应会同人力资源部，根据考核表要求对新员工的各项能力进行考核，对不同考核结果，营销经理应做不同处理。

（1）如果考核结果符合营销部要求，应由人力资源部代表酒店向新员工发放转正通知书，如表4-8所示。

（2）如果新员工不符合酒店要求，营销经理和人力资源部决定不予录用，也应当向员工发放一份说明书，如表4-9所示。

表4-8　酒店转正通知书

_____先生/女士： 　　我们很荣幸地通知你，你已通过了酒店严格的试用转正考核，从_____年_____月_____日起，你正式成为本酒店一名合格员工，其薪资级别调整为_____级，基本工资为_______元，岗位工资为_______元，职务工资为_____元，全勤工资为_____元，即薪资总额为______元。这是你勤恳工作，不断努力所取得的成果，希望你再接再厉，迈向新的成功！ 　　再一次向你表示祝贺！ 人力资源部 年　月　日

表4-9　不予录用说明书

_____先生/女士： 　　我们很遗憾地通知你，因为你的转正考核结果未能达到本酒店的要求，本酒店决定不予录用。感谢你在3个月试用期内对酒店作出的贡献，祝你在未来工作中取得良好成绩！ 人力资源部 年　月　日

随手札记

特别提示：

如果营销经理认为可以为该员工再提供一次机会，则需要作出特别说明，并针对该员工考核中出现的问题提出改善意见。

六、开展营销推广活动

营销经理是酒店形象的维护者和管理者。为了提高本酒店的知名度，吸引更多外来消费者，不断发展创新，能够应对各种市场变化，提高酒店竞争力，扩大市场份额，营销经理必须经常进行营销推广活动。通过各种各样的市场推广活动，营销经理可以在广大的潜在客户中树立酒店的良好形象，为酒店创造更多的利益。

营销经理可以采取多种方式开展营销活动，这其中最常用的，就是广告营销。

（一）广告营销

广告营销的种类，如图4-1所示。

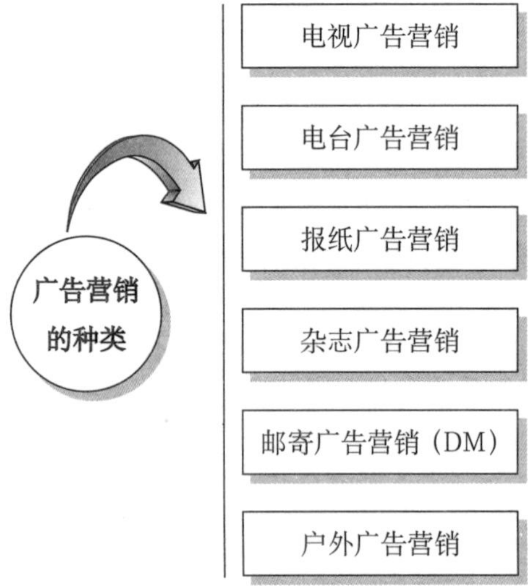

图4-1　广告营销的种类

1.电视广告营销

电视广告传播速度快，覆盖面广，表现手段丰富多彩，可声像、文字、色彩、动感并用，能创造很强的感染力。但其成本昂贵，制作起来费工费时，同时还受时段、播放频道、储存等因素的限制和影响，信息只能被动地单向沟通。一般19:00～22:30，被认为是广告的最佳时段，但是费用也相当的高。

营销经理在进行电视广告营销时，应根据年度预算中对广告的预算要求和酒店的实际情况，合理地安排电视营销工作。

2.电台广告营销

电台广告是一种线形传播，听众无法回头思考、查询，只要善于运用口语或者生动具体的广告词语来进行表述，不要过于烦琐，尽量少用重句，能够使听众一听就明白、一听就懂，就会产生绝佳的广告效果。

一般电台广告适合对本地或者周边地区的消费群体。电台广告成本较低、效率较高、大众性强。一般可以通过热线点播、邀请嘉宾对话、点歌台等形式，来刺激听众参与，从而增强广告效果。但它同时也存在着不少缺陷，如传播手段受技术的限制；不具备资料性、可视性；表现手法单一；被动接受性等。

各地地方性电台广播节目琳琅满目，因此，营销经理要根据当地实际情况、作详细的市场调查，寻找适合自身产品消费者广泛收听的节目。

3.报纸广告营销

报纸广告以文字和图画为主要视觉刺激，不像其他广告媒体，如电视广告等受到时间的限制。报纸可以反复阅读，便于保存，成本也较低。但报纸广告形象性较差，传播速度慢于电视、电台，范围也小于电视、电台，且受文化程度限制。

营销经理可以视酒店实际情况在本地报纸上购买一定大小的版面，大张旗鼓地宣传本酒店，也可以在广告上写上本酒店的地址以及订房、订餐电话。

4.杂志广告营销

杂志可分为专业性杂志、行业性杂志、消费者杂志等。由于各类杂志读者比较明确，是各类专业商品广告的良好媒体。

杂志广告的最大特点是针对性强、专业性强，范围相对固定，即不同的人阅读不同的杂志，便于根据就餐者对象选择其常读的杂志做广告。同时它还便于检索、储存，信息量大，图文并茂，专栏较多、较全，且纸张、印刷质量高，对消费者心理影响显著。

营销经理可在专业性的酒店杂志如《酒店精品》、《饭店世界》、《饭店现代化》、《酒店职业经理人》等杂志上刊登广告。酒店餐厅有时也需要做广告，营销经理可与餐饮经理协商在一些餐饮业专业杂志上做广告，如《中国餐饮杂志》、《美食与美酒》、《餐饮经理人》、《中国烹饪》、《天下美食》、《贝太厨房》、《名厨》等。

5.邮寄广告营销（DM）

DM是英文direct mail advertising的省略表述，直译为“直接邮寄广告”（后文均简称为DM）。DM是通过邮寄、赠送等形式，将宣传品送到消费者手中、家里或公司所在地。

其优点如下：

（1）DM不同于其他传统广告媒体，它可以有针对性地选择目标对象，有的放矢，减少浪费。

（2）DM是对事先选定的对象直接实施广告，广告接受者容易产生其他传统媒体无法比拟的优越感，使其更自主地关

随手札记

注产品。

（3）一对一地直接发送，可以减少信息传递过程中的客观挥发，使广告效果达到最大化。

（4）不会引起同类产品的直接竞争。

（5）可以自主选择广告时间、区域，灵活性大，更加适应善变的市场。

（6）想说就说，不为篇幅所累，让消费者全方位了解产品。

（7）内容自由，形式不拘，有利于第一时间吸引消费者的眼球。

（8）信息反馈及时、直接，有利于买卖双方双向沟通。

（9）可以根据市场的变化，随行就市，对广告活动进行调控。

（10）DM广告效果客观可测，可根据效果重新调配广告费和调整广告计划。

营销经理要认识到DM广告的这些优点，制作出精美好看、具有强烈视觉冲击力的广告，使受众对酒店产生强烈印象而变成潜在客户。

6.户外广告营销

一般把设置在户外的广告叫做户外广告。常见的户外广告有：路边广告牌、高立柱广告牌（俗称高炮）、灯箱、霓虹灯广告牌、LED看板等，现在甚至有升空气球、飞艇等先进的户外广告形式。

特别提示：

户外广告也是一种常见的广告模式。营销经理应根据酒店实际情况，在酒店周边适当地投放这类广告。但是这类广告投放地点不能离酒店太远，否则效果会大打折扣。

对于以上这些常见的广告营销方式，营销经理可与总经理及酒店其他部门经理协商，选择最合适的方式。无论选择哪种方式进行营销推广，营销经理都要代表酒店与广告方签订合作协议。对这些协议，营销经理应特别留心，防止因为对有些条款不清楚而给酒店造成损失。

七、网络营销

如今，可以说是足不出户，就可以满足人们的基本生活需求。原因是什么，当然就是因为网络的高度发达。人们可以在网络上购买到任何所需的物品。营销经理要明白，对酒店来说，网络营销在这个网络时代当然是必不可少的。

（一）酒店自建网站

酒店网站是综合性的网络营销工具，它不仅以酒店及其产品为核心，而且还要处处围绕客户进行设计，尤其要体现其服务特性和客户导向性。

大型酒店网站建设，一般都是由营销部负责。营销部设有专门的网站编辑来负责企业网站网页设计、网站内容更新等。

营销经理要重视网站构建工作，将其作为对外宣传、推广、服务及营销的载体，来配合酒店的发展和需要，使网站具有鲜明、动感、庄重、大方而又不失功能的特色。

1.网站主要栏目设置

不同酒店，其经营菜系、风格不

一，因此营销经理在具体设置栏目时要考虑本酒店的独特性。在这里，对酒店网站需要设置的主要栏目进行分析讲解。

（1）网站首页。网站首页设计秉承简约大方的设计理念，力求在有限的空间里，以最短的时间把酒店的特色展现在浏览者面前。使浏览者一进入首页就能够了解整个网站的最新内容，从而吸引浏览者经常访问网站。网站首页要注重页面编排和页面设计，具体如表4-10所示。

（2）酒店介绍。酒店介绍一般包括“酒店简介”、“酒店环境”、“信息中心”、“美食展示”、“在线订房”、“人力资源”、“客户反馈”这七个栏目，主要内容就是发布酒店的具体情况，让浏览者和会员通过网站对酒店的相关介绍，来了解整个酒店的情况，从而提升对酒店的认知，如表4-11所示。

表4-10　网站首页

序号	项目	说明	备注
1	页面编排	充分体现网站首页的导航功能，对于网站的各部分内容展现做到不遗不漏，但又有所侧重	酒店网站的核心在于酒店完美形象的展示和对酒店的先进服务理念、不同酒店不同风格的介绍、精品菜肴的展示和在线订房等的介绍
2	页面设计	页面设计可以将常规的FLASH引导页面同网站首页融为一体，既能像引导页一样实现印象深刻的视觉冲击和品牌形象展示，又能不拘泥与此，直截了当地获取网站最新信息和核心内容，适应现在高效率和快节奏的工作、生活规律	整个页面设计以相关服务为核心，可使用多种展现手法，同时也要注重品牌、所推出服务和酒店三者之间的平衡性

随手札记

表4-11 酒店介绍相关栏目

序号	栏目	说明	备注
1	酒店简介	酒店概况、经理致辞、经营理念这三个部分，分别就酒店所在位置、经理介绍说明、经营的理念的介绍来提升客户对整个酒店的认知	
2	酒店环境	可以分为外部环境和内部环境，主要运用图片和文字说明来展示	
3	信息中心	今日特价房、优惠活动、饮食文化三个栏目，主要运用信息发布系统来对酒店相关美食和活动方面的信息进行发布	
4	美食展示	为展示酒店的所有美食的一个系统，展示可以按照“特色一览”、“美味套餐”、“自选美味”三个方面来进行展示和介绍	
5	在线订房	是一个在线订房系统。进入系统后，分为个人订房和团体订房两种选择	
6	人力资源	酒店的相关服务员工的情况，主要包括“部门介绍”、“员工展示”、“招聘信息”三个栏目	
7	客户反馈	是一个客户意见收集的栏目，主要包括 “客户评星”、“在线留言”两个栏目	

（3）其他部分栏目。一般在酒店网站，要设置其他相关栏目，具体如表4-12所示。

酒店如果是自己进行网站建设，营销经理需要注意下列事项：

（1）清楚地显示酒店网站的信息。

（2）提供方便和可理解的浏览方式，且要为那些不愿或不能下载图像的用户考虑。

（3）只在有必要的地方加上图形和其他东西，因为并不是每个浏览者都能利用图形的。

（4）不要误导客户，不要贬低你的竞争对手，以免给你带来麻烦。

（5）酒店的企业形象吻合酒店的市场定位，由于网页和网站主页与其他互联网信息经常被复制在全世界的图书、杂志、报纸和教科书中，所以营销经理应确定酒店网站上的企业形象对酒店是合适的。

（6）开放式的主页。不要假定你的网站只能用某个特定网页浏览工具观看，更不要把主页设计得只有Netscape才可以浏览，应该让尽可能多的网页浏览工具都能浏览到你的主页。

（二）与专业网站制作公司合作

营销经理也可以与专业网站制作公司合作，请其负责网站建设。营销经理一定要选择资质较好的公司，并与其签订网站建设合同，保证双方合法权益。以下是某酒店签订的网站建设合同书，仅供参考。

表4-12　其他部分栏目

序号	栏目	说明	备注
1	人才招聘	为一个动态数据库栏目，所有招聘信息都可以在此栏目内显示，会员或浏览者通过栏目可以获得相同的应聘服务	
2	客户服务	主要是为酒店做售后服务，完善酒店服务体系，内容包括酒店服务宗旨、服务热线、一些常见问题解答等	
3	友情链接	一套自动生成友情链接的系统，管理员可以在后台里添加相应友情酒店的名字，前台此栏目内就可自动显示其公司的名字和链接	
4	站点地图	本栏目为一个站点地图，酒店站点可以用一张图来把网站内所有栏目进行分类并进行链接，可以让来到这个网站的客户或浏览者有一个很清晰的地图感	

【范例24】

××酒店网站建设合同书

甲方：××酒店

乙方：××网站

甲方在此委托乙方进行＿＿＿＿＿＿网站的建设。为明确双方责任，经友好协商，双方达成以下协议：

第一条　项目的内容、价款、开发进度、交付方式由附件载明

第二条　甲方的权利和义务

1 提供专人与乙方联络。

2.提供所有需要放到网上的资料交给乙方，并保证资料的合法性。

3.按照附件的要求，及时支付费用。

4.甲方将在著作权法的范围内使用本合同标的及相关作品、程序、文件源码，

随手札记

不得将其复制、传播、出售或许可给其他第三方。

5.甲方对本合同标的中的网页、图像享有排他的使用权。

第三条　乙方的权利和义务

1.提供专人与甲方联络。

2.按附件的要求，使用甲方资料，进行网站的开发。

3.在附件要求的期限内，完成网站的开发，并通知甲方进行验收。

4.在验收期内，按甲方要求，对不合格的地方进行修改。

5.本合同标的及相关作品、程序、文件源码的版权归乙方所有。

第四条　验收

1.验收标准有以下几条。

（1）甲方可以通过任何上网的电脑访问这个网站。

（2）主页无文字拼写及图片（以甲方提供的材料为准）错误。

（3）网络程序正常运行。

2.验收期为3天。

第五条　违约责任

1.任何一方有证据表明对方已经、正在或将要违约，可以终止履行本合同，但应及时通知对方。若对方仍不履行、履行不当或者违反本合同，该方可以解除本合同并要求对方赔偿损失。

2.因不可抗力而无法承担责任的一方，应在不可抗力发生的3天内，及时通知另一方。

3.一方因不可抗力确实无法承担责任，而造成损失的，不负赔偿责任。本合同所称不可抗力是指不能预见、不能克服并不能避免且对一方当事人造成重大影响的客观事件，包括但不限于自然灾害如洪水、地震、火灾和风暴等以及社会事件如战争、动乱、政府行为等。

第六条　保密条款

双方应严格保守在合作过程中所了解的对方的商业及技术机密，否则应对因此造成的损失承担赔偿责任。

第七条　以上条款如有未尽事宜，经甲、乙双方协商后加以补充，补充内容须手写，并加盖公章。

第八条　其他

1.如果本合同任何条款根据现行法律被确定为无效或无法实施，本合同的其他所有条款将继续有效。此种情况下，双方将以有效的约定替换该约定，且该有效约定应尽可能接近原约定和本合同相应的精神和宗旨。

2.附件规定的有效期满后，本合同自动失效。届时双方若愿继续合作，应重新制定合同。

3.本合同经双方授权代表签字并盖章，自签订日起生效。

4.本合同一式两份，双方当事人各执一份，具有同等法律效力。

甲方（盖章）：　　乙方（盖章）：

代表（签字）：　　代表（签字）：

年　月　日　　　年　月　日

附件:

项目的内容、价款、开发进度、交付方式：

1.合同金额。

（1）域名______个，_____元／个/年

（____）。

（2）主机空间____________mweb空间，______元/年。

（3）网站开发费用_____元。

（4）____系统____个，_____元/年。

费用合计____元。

2.付款方式。

本合同涉及总金额为人民币_____元，合同签订后，甲方向乙方支付______元作为定金，验收之后一次性支付合同余款即____元。

3.开发周期。

甲方在____年____月____日之前，将资料交给乙方，将定金汇至乙方账户。

乙方在____年____月____日之前，完成网站的建设。

甲方在____年____月____日之前，对网站进行验收。

甲方在____年____月____日之前，将余款汇至乙方账户。

4.维护周期。

乙方在____年____月____日至____年____月____日之间，对甲方网站进行后期维护及资料更新。

5.合同期限。

本合同有效期为____年____月____日至____年____月____日。

（三）搜索引擎推广

搜索引擎（Search Engines）是对互联网上的信息资源进行搜集整理，然后供人查询的系统，它包括信息搜集、信息整理和用户查询三部分。搜索引擎是一个为人们提供信息“检索”服务的网站，它使用某些程序把互联网上的所有信息归类以帮助人们在茫茫网海中搜寻到所需要的信息。

1.搜索引擎营销

（1）SEO。

SEO即搜索引擎优化，是通过对网站结构（内部链接结构、网站物理结构、网站逻辑结构）、高质量的网站主题内容、丰富而有价值的相关性外部链接进行优化，从而使网站对用户和搜索引擎更加友好，以获得在搜索引擎上的优势排名，为

随手札记

网站引入流量。

无论是自建网站还是与专业网站公司合作，营销经理都要确保酒店的网站是一个搜索引擎友好的网站，应该方便搜索引擎检索信息，并且返回的检索信息让用户看起来有吸引力，这样才能达到搜索引擎营销的目的。以下几条为营销经理在进行SEO推广时应注意避免的：

——网页没有标题，或者标题中没有包含有效的关键词。

——网页正文中有效关键词比较少。

——网站导航系统让搜索引擎“看不懂”。

——大量动态网页让搜索引擎无法检索。

——没有被其他已经被搜索引擎收录的网站提供的链接。

——网站中充斥大量欺骗搜索引擎的垃圾信息，如“过渡页”、“桥页”、颜色与背景色相同的文字等。

（2）PPC。

PPC是指通过购买搜索结果页上的广告位来实现营销目的，各大搜索引擎都推出了自己的广告体系，相互之间只是形式不同而已。搜索引擎广告的优势是相关性的，由于广告只出现在相关搜索结果或相关主题网页中，因此，搜索引擎广告比传统广告更加有效，客户转化率更高。

2.选择合适的搜索引擎营销

营销经理应熟悉各种不同的搜索引擎特点及使用方法。全球主要搜索引擎见表4-13所示。

表4-13　国内主要搜索引擎

序号	名称	简介
1	Google（谷歌）	Google是全球最大的机器搜索引擎，每天提供2亿次查询服务，占全球搜索引擎查询市场份额的29.2%。Google通过对80多亿网页进行整理，为世界各地的用户提供适需的搜索结果，而且搜索时间通常不到半秒
2	Yahoo!（雅虎）	是全球认知度最高及最有价值的互联网品牌之一，也是最大的门户网站。有英国、中国、日本、韩国、法国、德国等10余种语言版本。在全球消费者品牌排名中居第38位，是全球最大的搜索引擎和门户网站。拥有2.94亿有效注册用户，每天12亿访问人次，覆盖全球网民的61%；全球有1840万业务采购决策者访问Yahoo!
3	百度	百度（baidu）是全球最大的中文搜索引擎，2000年1月由李彦宏、徐勇两人创立于北京中关村，致力于向人们提供“简单，可依赖”的信息获取方式
4	搜狗	搜狗是搜狐公司旗下的子公司，于2004年8月3日推出，目的是增强搜狐网的搜索技能，主要经营搜狐公司的搜索业务。在搜索业务的同时，也推出搜狗输入法、免费邮箱、企业邮箱等业务

（续表）

序号	名称	简介
5	搜搜	搜搜是腾讯旗下的搜索网站，是腾讯主要的业务单元之一，于2006年3月正式发布并开始运营。搜搜目前已成为中国网民首选的三大搜索引擎之一，主要为网民提供实用便捷的搜索服务，同时承担腾讯全部搜索业务，是腾讯整体在线生活战略中重要的组成部分之一

当营销经理选择一家搜索引擎对酒店进行营销时，应确信他们提供的是多种服务而不只是广告本身，如表4-14所示。

并非所有的搜索引擎都提供以上全部类型的服务。采用哪种搜索引擎服务要根据自己的需求决定。如果你不想修改网站

表4-14　搜索引擎广告

序号	类别	内容
1	搜索引擎广告	搜索引擎广告包括赞助商广告、付费排名广告和内容关联广告（即关键词广告及其引申）。搜索引擎广告根据付费的多少决定排名的先后
2	付费登录和目录	付费登录专门针对于一些人工编辑的搜索引擎，如分类目录。即使付费，也不能保证一定登录你的网站。英文Yahoo！和 Business.com就是典型的提供付费登录目录的例子
3	比较购物搜索引擎	购物搜索引擎为人们提供方便地寻找、比较在线商品销售的信息，最有名的，如Deal Time，PriceGrabber.com， Froogle和Yahoo! Shopping

随手札记

设计，就选择搜索引擎广告；如果要重新设计网站，就应该找搜索引擎优化酒店。

3.搜索营销要掌握正确的方法

网络信息量大，网民面对的信息和选择多，运用搜索营销要掌握正确的方法，才能使搜索营销真正有效，获得最大收益。最重要的是酒店要在搜索结果的排序中尽量靠前，尽快出现在网民的视线内，才能吸引他们的眼球。

越来越多的搜索使用者会在搜索结果页面的第一页点击进入相关信息，而只有10%的使用者会继续浏览到第三页以后的页面，因此，当酒店的页面排序列在相关搜索的第四页时，最多只会接触到搜索人群的10%。

八、重大节假日营销活动

由于中国人的节日越来越多，使得营销活动的力度也越来越大，加之外国的节日也融入了国人的日常生活中，比如情人节、母亲节、父亲节、圣诞节等，再加上三八节、五一节、七夕情人节、中秋节、国庆节、春节、护士节、教师节等，可谓“节连不断”，营销经理自然要利用这些特殊时机进行广泛的营销活动。

通常，营销期间的业绩比非营销期间将提升30%左右。节假日期间如何才能吸引消费者有限的注意力，做大做活节假日市场，已成为营销经理日常工作的重中之重。如果营销经理能够真正把握节假日消费市场的热点和需求变化趋势，作出符合目标市场的策划方案，必能获得可观的回报。

全年重点节假日表，如表4-15所示。营销经理应将这些节假日的营销活动当做每个季度的重点工作进行安排。

表4-15　全年重点节假日一览表

序号	季节	节日	月份
1	春季	正月初一（春节） 正月十五（元宵节） 2月14日（情人节） 3月8日（国际劳动妇女节） 3月15日（消费者权益日）	2～4月份
2	夏季	5月1日（国际劳动节） 5月4日（中国青年节） 5月12日（国际护士节） 5月第二个星期日（母亲节） 6月1日（国际儿童节） 6月第三个星期日（父亲节） 农历五月初五（端午节）	5～7月份

（续表）

序号	季节	节日	月份
3	秋季	7月1日（香港回归纪念日） 8月1日（中国人民解放军建军节） 农历七月初七（七夕情人节） 9月10日（中国教师节） 农历八月十五（中秋节） 10月1日（国庆节） 农历九月初九（重阳节）	8～10月份
4	冬季	12月20日（澳门回归纪念日） 12月24日（平安夜） 12月25日（圣诞节） 次年1月1日（元旦）	11月至次年1月份

（一）营销准备工作

每年一到节假日期间，很多城市的酒店客房入住率就会直线上升，为了能使酒店获取收益最大化的同时又为未来锁定客人，营销经理更应细致地做好营销工作，而不是顺其自然，沾沾自喜。

1.预测客源情况

首先，做好客源预测工作。营销经理通过预测才能考虑接下来的营销步骤，预测需从多方面着手，如表4-16所示。

2.做好价格调整准备

营销经理要根据预测情况，针对各种客源，制定不同的价格策略。新的价格要尽量提前制定，以便留出足够时间与客户沟通。期间营销经理有大量的工作需要落实，不仅要通过电话、传真、e-mail通

随手札记

表4-16　预测客源

序号	类别	内容
1	往年同期客源情况的分析	营销经理应该细分和研究去年同期节假日每天客房出租情况，如：每日出租房间数、散客房间数，以及来自协议的散客比例、来自订房中心的散客比例等，从而将以往的数据与今年节假日预订情况进行比较 由于旅行社团队往往会作提前预订，而且通常越接近节假日时，团队的房间数才会越确定，所以营销经理应每隔一段时间与旅行社核对团队的收客情况，防止旅行社为了控房而作虚假或水分较大的预订
2	关注节假日期间的天气预报	由于假日客源主要是游客，游客的消费属休闲性自费旅游，随意性较大，所以，若天气好，营销经理可以留出部分房间以出售给临时性的上门散客；若天气情况不妙，营销经理要多吸收一些团队，以作为客房的铺垫。需要如何控制和预留房间，还得看看天气的变化情况
3	了解本市同类酒店的预订情况	通过了解竞争对手和不同地段的酒店预订情况，可以估计出自己酒店客房出租的前景
4	关注各媒体报道	通常在节假日前几天，各大媒体包括网上都会争相从相关行业、酒店处了解到最新的情况，进行滚动式报道
5	通过其他渠道了解信息	营销经理可以从酒店主要客源来源地的酒店销售界同行、旅行社、客户那里了解信息。总之，营销经理应该尽量通过准确的预测以便做好节日长假到来的各项准备工作

知客户，更要从关心客户的角度出发，提醒客户尽量提前预订，以免临时预订而没有房间。

在价格调整中，不同客源的调整幅度可以不一样，对一贯忠诚于酒店的协议公司客人提价要稳妥，要与他们沟通，尽量在协议客人能够承受的幅度间进行提价；对于订房中心的调整可以从网上进行了解，特别是要调查同类酒店的调价情况，结合客户可以承受的能力和酒店自身情况综合考虑。营销经理要从长远的眼光来看待与客户之间的关系，不能只做一锤子买卖，因为建立良好的信誉是发展未来客源的基础，绝不可因节假日游人增多而“水涨船高”，肆意涨价。

3.合理计划客源比例

营销经理要根据调查与预测情况，合理做好客源的分配比例，如果预测天气状况不妙，可以增加团队的预订量，如果预测天气较好，可以减少团队预订量。但也不能一刀切，不接团队，除非营销经理以前从不与旅行社打交道。营销经理可以通过价格的上涨来合理控制或筛选不同的细分市场。对于长期合作的系列团队，应尽量提供一定比例的房间。

4.合理做好超额预订

营销经理常常遇到预订了房间而产生“未出现者”（No-show）的情况。由于国内信用制度还没有彻底完善，客人不会因没有履行预订而承担经济责任，这样就导致了一些不受酒店欢迎的行为。例如：客人可能为了价格原因或出游人数不确定等因素而做多次、多处预订。这种行为在随意性较大的自费游客中较为普遍，通过多处、多次预订，他们可以拿到较好的房价，可以确保抵达酒店时马上得到房间。

然而，No-show会造成酒店空房，除非客人能提前通知酒店取消预订。为了避免No-show情况造成的损失，营销经理可以采用超额预订的策略。通过超额预订酒店可以防范大量未履行预订的风险。然而，如果营销经理接受太多的超额预订就得承担客人抵达酒店时没有房间可以入住的风险。

为了降低超额预订的风险，营销经理可以通过以往节假日No-show和取消的数据进行统计比较，得出一个合理的百分比，从而实现既能够最大限度地降低由于空房而产生的损失，又能最大限度地降低由于未能做好足够预订而带来的损失。因此营销经理不仅要做好预测和超额预订的策略制定，而且需要与前厅部一线员工进行沟通、培训。如果真的出现客人预订而没有房间的情况，要设法事先在同类酒店安排相同档次的房间，并用酒店的车免费送客人。

5.提前做好服务准备工作

一到节日长假的旺季，所有的酒店人力和设施设备都有可能超负荷运转，因此营销经理必须提前进行设施设备的检查，根据预测情况合理安排人手。营销经理在平时可以交叉训练员工，培养多面手，也可以从旅游职业学校预约一些学生兼职，准备好充足的人手。

随手札记

特别提示：

由于在节假日期间，游客一般会在白天抵达，而前一天的客人退房时间是在中午12:00左右，因此营销经理必须准备好充足的服务人手以便能快速打扫、收拾房间。通过预测，其他各个营业场所如：车票预订、餐饮、娱乐等服务也要提前做好准备。

6.进一步锁定客源

游客虽然是流动的客人，有一些还是第一次来酒店入住，但作为营销经理要想方设法将这些客人锁定，一方面可以通过酒店充分准备，提供优质服务，给客人留下一个良好的印象；另一方面可以通过大堂副理拜访客人、客房内放置节日问候信、赠送小礼物、放置贵宾卡信息表等来实现客人今后回头入住的可能性。

例：××大酒店在去年国庆长假期间，在行政楼客房放置了致客人节日问候信和贵宾卡申请表（贵宾卡在两个法定节假日期间不能使用），共计发放贵宾卡600多张，据不完全统计，至今有300多张贵宾卡回头使用，也就是说通过这个方法，酒店锁定了300多位回头客。

7.做好相关方联合工作

（1）与同行酒店及时互通信息，相互核对酒店房态，做到互送客源。

（2）与各大网络订房中心随时联络，及时通告酒店房态。

（3）与每天预订的客人进行核对，确认客人是否抵达及抵达人数、抵达时间等。

（4）与媒体电台定时联络。比如：××交通旅游台会定期免费将各酒店房间空闲状况广播给听众。

通过以上几个方面的准备工作，营销经理就能在各大节假日到来之前做好准备，以便在节假日期间能从容应对。

（二）开展营销活动

为了使节假日的营销工作取得圆满成功，营销经理需要制定有针对性的营销方案，以便在节假日期间按照该方案有条不紊地开展活动。本章选取春节和情人节营销活动作重点介绍。

1.春节营销活动

春节是中国传统中最重要的节日。在春节期间，家人们会欢聚在一起，送别旧年，迎接新年。因此，营销经理应特别重视春节期间的营销活动。

【范例25】

××酒店春节营销方案

呈：酒店领导

由：营销经理

项目：关于年春节的营销策划方案

春节即将来临。根据往年的市场分析，春节这两天人们反应十分热烈，场面也异常火爆。今年春节为了让人们体会到品牌的辉煌气势和我们酒店独特的春文化氛围，力争做到比往年更具节日气氛，并在装饰和布置上突出新颖和独特，加大广告宣传力度，在经济利益增长的同时，最大限度地达到良好的社会效益。

营销部拟订营销方案及布置策划如下：

一、春节酒店的布置及装饰

1.主景点布置。

（1）大厅外：考虑到酒店大堂比较小，不能摆放大型的装饰物，今年准备在大厅外空地做一个3米高的城堡及风车装饰（木工制作），在酒店大门处放一个春老人，增加春节气氛（包括周边装饰一起费用预算1500元）。

（2）大堂：大堂准备摆两个景点：一是总台前做一个长城雪景图（木工制作，费用预算1000元）；二是在客梯前空地做一个“哈里波特和魔法屋”（用泡木雕，费用预算500元）。

（3）二楼楼梯口：放一颗精美的春树（费用预算200元）。

（4）咖啡厅：以气球和装饰灯，喷绘为主体装饰物（500元）。

（5）大厅内外柱子：以灯和喷绘做主体装饰物（800元）。

2.其他。

四楼多功能厅晚会场地及走廊、三楼电梯口、五楼电梯口、二楼大厅及包房、客房走廊以及其他各营业区尽量用去年的存品，估计仍须采购物品9000元。

3.礼品。

主要是春节当晚在各营业区及晚会现场所发放的礼品和给客房常客、商务客人所赠送的礼品，预计礼品费用1500元。

以上共计预算费用15000元。

二、春节主题活动安排

1.平安夜，狂欢夜自助大餐。

时间：12月24～25日　18：00～20：00

地点：四楼多功能厅，二楼大厅

规模：四楼260人/场，二楼160人/场

内容：大型自助餐，综合性文艺节目，大型抽奖活动（奖品以赞助为主）。

气氛布置：热烈、明亮、欢快。

票价：比去年提高，今年以提高票价、控制人数为原则。

二楼：____元/张，儿童票半价（无套票）。

随手札记

四楼：_____元/张，儿童票半价。

套票：_____元/张（两大一小）。

节目安排：由娱乐部负责，中间穿插抽奖活动，市场营销部负责节目审核和总协调。工程部在二楼安装电视同步播放器，同时播放四楼晚会节目及抽奖活动。

四楼抽奖活动对二楼同时有效。

2.烛光晚宴。

时间：12月24～25日 19:00～22:00

地点：21楼旋转餐厅

规模：80～100人

内容：烛光晚宴、家庭套餐，适合家庭、情侣。

气氛布置：全场烛光，放轻音乐，强调安静祥和、浪漫温馨气氛。

票价：______元/张，儿童票半价。

______元/张（两大一小）。

（以上演员及主持人费用由娱乐部另呈领导批示）

三、KTV狂欢春晚晚场

时间：12月24～25日 19:00至凌晨7:00

地点：四楼歌舞厅

规模：所有包房

内容：包房价格上涨

（1）小包房：晚场580元/场（送啤酒4瓶，大果盘1份，大碟2份，清茶免费），晚晚场380元/场（清茶免费）。

（2）中包房：晚场1280元/场（送啤酒12瓶，大果盘2份，大碟8份，清茶免费），晚晚场580元/场（清茶免费）。

（3）大包房：晚场1580元/场（送啤酒24瓶，大果盘3份，大碟12份，清茶免费），晚晚场880元/场（清茶免费）。

四、客房礼品放送

春节当晚给常客、重要商务客人以及外宾送春节礼物。用传统的春老人袜装好送到房间，给客人惊喜。

五、酒店整体气氛布置

（1）给各营业区发放春小姐服装，由春小姐为客人服务，给小朋友发礼品。

（2）安排两名春天使迎宾。

（3）安排两名春老人和小丑发礼品。

（4）提供照相留影服务（自助餐客人）。

六、广告宣传

（1）在电视台、交通频道及晚报作广告宣传（费用已含在全年广告费用预算中）。

（2）印制宣传单1000份（费用由财务部另呈领导批示）。

（3）印刷贺卡送客户（费用由营销部另呈领导批示）。

（4）大堂广告、大厅外横幅、电梯广告宣传。

七、春节各项工作安排

（1）11月10日至12月3日拉赞助，12月5日到位布置大厅。

（2）11月25日大堂及电梯广告到位。

（3）12月1日具体布置方案制出，物品采购到位，开始装饰。

（4）12月2日春票、贺卡、宣传单。

（5）各部门12月2日开始卖春票，并在各媒体上做广告。

（6）12月6日景点布置完毕。

（7）12月8日送贺卡。

（8）12月12日核定娱乐部节目。

（9）12月15日下发晚会备忘录。

（10）12月23日下发服装，各部门相关工作及人员安排到位。

（11）12月24～25日做好晚会各项工作。

2.情人节营销活动

每年2月14日情人节是西方一个盛大的节日，近年来也渐渐在国内广受推崇，成为青年单身男女、情侣甚至许多夫妻深为期待的日子。在这一天，这些人会安排许多活动来庆祝，服务行业也将在此段时间内迎来春节后又一高峰，营销经理可抓紧这一机遇，营造浪漫温馨气氛，创造营业新增长。

【范例26】

××酒店情人节营销方案

一、活动目标：吸引客源，扩大知名度，达成长远销售目的

二、活动主题：与最爱的人共度温馨

三、活动时间：2月13～15日

四、活动内容

提前做好酒店布置，以粉色与粉紫色为主色调，播放轻柔动人的音乐，突出情人节浪漫温馨的主题，营造良好的氛围：

1.大门口用松枝、鲜花、粉红色雪纱扎成心形拱门。

2.进大门的横梁上注明活动主题。

3.玻璃墙处设立“情侣留言板”。

4.大厅内用粉红色雪纱、玫瑰花、粉红色气球点缀。

休息房：用粉红色雪纱、玫瑰花、粉红色气球点缀。

5.设情人节爱侣专属套餐/套房、单身等待爱情专属套餐/套房，消费达到一定额度，可赠送：①同比例价值的消费券；②玫瑰花、巧克力、香槟酒及双份早餐。

6.2月13日开始，在酒店大厅设置“同心愿望树”“爱情寻觅树”，为期一周。

7.设立“情人留言板”，供情侣在上面写上爱的宣言。

（1）凡是在13～15日之间入住酒店或者来此就餐的情侣、夫妻均可获赠一对

随手札记

“爱情守护瓶”及标签，客人们可写上自己对爱人的承诺、祝福、愿望等语，折叠好装入瓶中，男士用紫色丝带、女士用粉色丝带扎好瓶口，挂于“同心愿望树”上。2月15日以后，客人们可凭当日获赠消费券领回专属的“爱情守护瓶”，再次在餐厅就餐的爱侣们，可获赠甜蜜点心一份。

（2）凡是在13～15日之间入住酒店或者来此就餐的单身男女青年，均可获赠一只“爱情守望瓶”及标签，客人们可写上自己对爱情的期望、交往信息等语，折叠好装入瓶中，男士用紫色丝带、女士用粉色丝带扎好瓶口，挂于“爱情寻觅树”上。2月15日以后，在情人节期间告别单身的男女青年可携爱人取回“爱情守望瓶”，并凭当日获赠消费券，再次在餐厅就餐的爱侣们，可获赠甜蜜点心一份。

8.在2月14日当天，送玫瑰、扎气球赢奖品：餐厅前摆放玫瑰鲜花，设置情人节宣传板，配图介绍情人节来历、风俗等内容。宣传板周围围绕粉色气球做装饰，气球内置空白或写有奖品的粉色便签。奖品可以是一份布丁甜品、一份巧克力、一杯醇香饮品、一份水果、一道情人节专属菜品、一张餐券等。准备一只扎气球用的长针，用粉色蝴蝶结装饰。

（1）凡是在2月14日来酒店餐厅就餐的爱侣们，男士均可迈步餐厅前挑选一支玫瑰送给自己的伴侣，并可携她之手，来到宣传板前，一起扎破其中一只气球，迎接下一秒的惊喜。

（2）凡是在2月14日来酒店餐厅就餐的单身男女青年，男士如在餐厅内遇到心仪的单身女士，便可上前挑选一支玫瑰，送与这位女士，并可邀请她一起至宣传板前，选择扎破其中一只气球。

9.建立服务流程：从前期的活动宣传、场地布置营造气氛，到整个活动进行时，每个环节都要安排专人负责管理，做到分工明细、有条不紊。

五、广告方法

（1）宣传单：5000份，A4157克铜版纸，自行派发。

（2）内部广告发布：喷绘、写真__张。

六、费用预算

（1）仿真玫瑰花：1000朵×0.3元=300元。

（2）玫瑰花：500朵×1.00元=500元。

（3）巧克力：50盒×20元=1000元。

（4）宣传单：5000份=500元。

（三）营销活动总结

重点节假日营销活动结束后，营销经理要进行活动总结，对本次活动的各项花费、最终收入等各项情况进行准确统计，并做好记录工作。

九、员工激励工作

员工激励，就是激发营销部员工的内在潜力，使员工感到力有所用、才有所展、劳有所得、功有所奖，从而增强自觉努力工作的责任感。因此，营销经理能否建立健全激励机制，能否有效地激励营销部每一个员工，将直接关系到本部门的发展。

（一）改善工作条件

营销经理要想让部门员工全身心投入

到工作中去，首先要做到的就是改善工作条件。只有好的工作条件才能让员工身心愉快地工作，从而提高工作效率。

（二）员工激励方法

常见的员工激励方法，如表4-17所示，营销经理要视情况灵活运用。

表4-17　常见的员工激励方法

序号	方法名称	方法内容
1	目标激励	一个振奋人心、切实可行的奋斗目标，可以起到鼓舞和激励的作用。所谓目标激励，就是把大、中、小、远、中、近的目标结合起来，使员工在工作中每时每刻都把自己的行动与这些目标紧密联系。例如，营销经理可以在下年计划中提高销售指标，并向员工表明，一旦完成指标，本部门将获得多大的荣誉，以此来激发员工的荣誉感
2	奖励激励	奖励就是对员工的某种行为给予肯定和奖赏，使这种行为得以巩固和发展。营销经理要将物资奖励与精神激励相结合，方式要不断创新，新颖刺激和变化刺激的作用是比较大的，重复多次的刺激，作用就会衰减，奖励过于频繁，刺激作用就会减少，因此，营销经理一定要注意不要过度奖励
3	支持激励	支持激励就是作为营销经理要善于支持员工的创造性建议，把员工蕴藏的聪明才智挖掘出来，使得人人开动脑筋，勇于创造。营销经理应做到：尊重下级的人格、尊严、首创精神，爱护下级的积极性和创造性；信任下级，放手让下级大胆工作，当工作遇到困难时，主动为下级排忧解难，增强下级的安全感和信任感；当工作遇到差错时，承担自己应该承担的责任，创造一定的条件，使下级能胜任工作

随手札记

（续表）

序号	方法名称	方法内容
4	关怀激励	了解是关怀的前提，作为营销经理，对属下员工要做到“八个了解”，即了解员工的姓名、籍贯、出身、家庭、经历、特长、个性、表现；“八个有数”，即对员工的工作情况有数、身体情况有数、学习情况有数、经济状况有数、住房条件有数、家庭成员有数、兴趣爱好有数、社会交往有数
5	榜样激励	营销经理可以通过具有典型的人物和事例，营造典型示范效应，让员工明白提倡或反对什么思想、作风和行为，鼓舞员工学先进、帮后进。营销经理要善于及时发现典型、总结典型、运用典型
6	数据激励	用数据显示成绩和贡献，能更有可比性和说服力地激励员工的进取心。营销经理对能够定量显示的各种指标，都要尽可能地进行定量考核，并定期公布考核结果，这样可使员工明确差距，迎头赶上
7	领导行为激励	营销经理个人良好的领导行为能给员工带来信心和力量，激励员工朝着既定的目标前进。这种影响力，有权力性的和非权力性的，而激励效应和作用，更多的来自非权力性因素，包括营销经理的品德、学识、经历、技能等方面，而严于律己、以身作则等则是产生影响力和激励效应的主要方式
8	集体荣誉激励	营销经理可以通过给予集体荣誉，培养员工的集体意识，从而产生自豪感和光荣感，形成一种自觉维护集体荣誉的力量。酒店和营销经理所设计的各种管理和奖励制度，要有利于集体意识的形成，形成竞争合力

十、季度工作总结

营销经理在每季度初时，制订本季度工作计划，详情可参考本章第一节。到了季度末，就应该对本季度的工作进行总结。将计划中的事项与完成结果进行对比，看看哪些预定任务做得较好，哪些没完成，找出原因，安排时间予以解决。

下例是某酒店营销经理第二季度工作总结报告，仅供参考。

【范例 27】

××酒店营销部第二季度工作总结

一、跑市场，揽客源

第二季度继续走访客源。今年比往年客源有所减少，通过市场调研与各家酒店摸底，了解到各家客房入住率基本上都在15%～25%。多跑市场，多找客源是营销部的首要任务。4～5月份，走访客户60多家，外加周边社区、周边单位、中小学校、××街道、××小区等。

二、会议接待

第二季度由于受大气候影响，各种会议也相对较少，尽管如此，还是在第二季度接待了两个会议。其中，××市生物药品宣传推广会召开两次，××市××医药联欢会一次。

酒店会议如：××××年综合计划会议签字仪式会议、酒店内部培训等。在接待外部会议和公司会议时都做到周到热情，热情服务，力争接待好每一次会议。

三、分析市场，制定房价

进入第二季度以来，市场上房价不一。这主要有以下几个原因：一时客源少，各家相互压价。二是随旅行社出游住酒店比较便宜。

作为一名营销经理，每天都要了解市场动态，清楚各家房价，定期了解周边酒店的相关信息，及时向领导汇报，经领导指示后，与各部门协商制定本季度酒店价格。定期打出特价房、午休房，宣传促销，尽最大努力完成每月下达的指标任务。

四、制定高考宣传单，做好家长学生的接待工作

每年6月份是高考的时间，在每年这个时候提前一周赶制高考宣传单到指定学校发放。同时餐厅协助推出套餐系列、单点菜品、免费提供绿豆汤等；与客房部协商制定特价高考房、午休房等。

五、调整房价，喜迎端午节

抓好两节，今年端午节前夕，营销部与餐厅部、客房部共同研究，推出端午节套餐系列，继续发放优惠券，餐厅端午节当天早餐增加粽子、鸡蛋供客人食用。客房也在端午节期间调整房价，其他房间价格也有所提高，为酒店创收、增收不断努力。

营销部

××××年××月××日

随手札记

一日工作安排与落实
一周工作安排与落实
月度工作安排与落实
季度工作安排与落实
年度工作安排与落实

管理心得

管理心得，其实是酒店营销经理对自己个人工作的总结。可以是对某一个事件的看法，也可以是对某一项工作的实施计划；可以是成功的经验，也可以是失败的教训。

我的季度管理心得

已办事项	
未办事项	
待办事项	
通过这一季度的工作，我最大的收获是：	

第五章

年度工作安排与落实

年终又到了，营销经理又要开始对本年度营销部工作进行总结，同时要制订下一年度计划，实行年终员工绩效考核……

这个时候可以说是营销经理忙得团团转的时候。

其实，你也可以不用让自己显得如此忙碌，怎么办？

提前将年终各项工作做好安排，就可以让每件事情按照计划进行。当然，预留一定的时间来应对突发事件，可以让你在年终更好地完成各项工作。

一、年度工作总结

年终总结包括营销经理个人和部门两种，这里讲的年终总结就是部门总结。当然，无论是哪一种，营销经理都不能忽视。

年终总结到底如何写才能引起领导的关注和重视，并能更好地指导来年的工作呢?这就是营销经理必须重视的问题。

特别提示：

年终总结既不能只有客观数据、理性分析的“一目了然”，也不能像纪实文学般的长篇报道，而应该是一个有系统性的报告，是一个能把形式和意图结合得很好的总结。

如果做到文、数、表、图综合运用，甚至是多媒体的演示，将要表达的核心思想准确、清晰、生动地呈现出来，会更能得到领导认可。当然，考虑到不同领导的风格偏好，也可以在形式与内容方面有不同侧重。

当然，所有的形式都要为内容服务，要想全面系统地做好年终总结，一般来说，可按照以下几个方面来组织内容。

（1）工作业绩。包括营销部所取得的成绩。

（2）部门和团队建设。包括营销部的制度建设，部门工作能力的提高、工作士气的提高、团队协作的改善等。

（3）跨部门合作。要把营销部和酒店其他部门之间的合作情况反映出来。

（4）希望解决的问题，提出问题并提供相应的解决对策。对于实在是没办法解决的问题，必须明确提出解决问题需要的资源和支持。

下例是某酒店营销部对××××年度工作的总结，仅供参考。

【范例28】

××酒店营销部年度工作总结

首先营销部经过了这一年的磨合与发展，已经逐步地完善了本部门的工作制度和工作程序，拓展了自己的市场。把本酒店全面地推向旅游市场，提高了酒店的知名度，争取做到最大限度地为酒店创造经济效益。

一、工作成绩

根据年初的工作认真地落实每一项，××××年营销部的工作重点放在商务散客和会议的营销上。由于酒店所处的地理位置优越，散客的入住率较高（全年的散客入住率为××%），我们加大了商务客户的营销力度，拜访重要公司签署订房协议，同时根据季节的不同制定不同的营销方案，有针对性地走访，比如旅游旺季，我们针对各大旅行社进行回访与沟通，今年6～10月××企业组织的培训安排到我店，无形当中给酒店做了免费的宣传。

截至到本年12月9日共完成营收××××万元，其中客房完成营收××××万元，餐饮完成营收收入××××万元，××××年1月至12月9日各单位累计挂账××××万元，1月至12月9日累计回收账款××××万元，平均每月回款××万余元，根据××××年1～12月统计显示我酒店有挂账单位×××家，每月平均挂账××万元。上年12月31日前总挂账××××万元，回款××××万元，折扣××××万元，余款××××万元；根据部门定编人数上年我部门正常参加工作的人数在4～5人。

××××年下半年在部门员工重新调整后，我部门仅有两名员工承担部门一切工作事务，在回收账款上较去年同期上涨32.6%，但是在内部客源方面散客消费是呈下降趋势的，如何提高此类客源的消费应是下期工作的重点。

在部门工作方面：

1.会议。

营销部在1～12月份累计完成会议接待60次，其中上半年主要完成了××会议、×××活动的接待，所以在上半年的会议特别是5月15日接待的×××会议，接待规格高，客户档次高，顺利完成了接待任务，更在此次接待中发现了诸多问题，以确保在今后接待工作中更加完善。

2.婚宴。

下半年主要完成了几家大型喜宴的接待任务；从整体上提高了酒店婚宴标准的档次。通过多次接待活动宣传了酒店品牌，同时也获得了客户的认同；这几次会议均能按照VIP接待程序进行接待，营销经理能够及时跟进，会议期间紧盯会议每一个细节，会后也能够及时对负责接待领导进行回访，顺利地完成了接待。

3.旅行社。

由于旅游业的发展带动了本市的经济消费，在酒店总经理的指导下，酒店营销部制定出了一套完整的旅行社接待方案，经过对旅行社业务的拓展，现在酒店每星期都有旅行社用房用餐，缓解了酒店淡季的营收压力，使酒店今年淡季营业收入较去年相比有了大幅提高。

二、工作中存在的不足

过去的一年，经过部门员工的共同努力，取得了一定成绩，但我们也清醒地认识到，我们工作中仍存在一些不足：

随手札记

1.销售队伍不稳定，由于种种原因，销售人员紧缺，特别是有销售经验的人员，而且对销售人员的培训力度也待加强。

2.信息的捕捉和处理能力有所欠缺，具体表现在：一是缺乏把握市场信息的能力。在信息高度发达的现代社会，一些有效的信息我们没有抓住。二是缺乏信息的交流，使很多有效的信息白白流失。在今后的工作中，应采取有效的措施，发挥信息的作用，加大信息的交流，提高信息的处理能力，强化内部信息的沟通。

3.宣传力度不够大，有待提高。

4.市场营销策划活动较少，特别是针对性的节假日、重大活动等期间的策划。

二、制订年度工作计划

每年年末时，营销经理除了要对一年的工作进行总结，还要做好来年的工作计划及经营预测。下例是某酒店营销经理的年度工作计划，仅供参考。

【范例 29】

××酒店营销部年度工作计划

1.努力使散客的入住率上一个台阶。

2012年，营销部的主要工作将放在提高散客入住率上。我们拥有大多数酒店不具备的优势，那就是良好的区位优势与便利的交通条件。我们会利用所有可能的工具（网络、报刊、杂志及短消息的应用）加大对酒店的宣传力度。力争全年在散客的入住率上有较大提高。

2.加强与各大旅行社的联系。

2012年营销部拟订在旅游黄金周到来之前，利用周末的休息时间，到省内几大著名的旅游城市进行走访，与地市的各大旅行社之间建立起长期的合作关系，使得这些旅行社有意向将团队安排到我们酒店，以确保酒店客房的收入。

3.加强主题、价格、渠道营销策略的应用。

2012年营销部会根据不同的节日、不同的季节制定相应的营销方案，综合运用价格、产品及渠道策略将酒店的客房、棋牌、餐饮组合销售，使酒店在竞争中始终处于主动地位，以最大限度地吸引客户，从而保障酒店经营目标的完成。

4.加强部门间的沟通协作。

建立良好的沟通机制是有效实施营销方案和完美服务客户的保障。因此营销部会一如既往地积极主动与各部门进行沟通协作，相互配合。以一个整体面对客户，充分发挥酒店整体营销活力，创造最佳效益。

除了概述全年的工作计划，营销经理还应对每个月的重点工作作出详细安排，以便合理安排时间。可参考本书第二章中关于月度重点工作的安排。

三、制订年度营销预算

酒店营销预算是酒店营销经理预先制定的各项收入支出计划。它是酒店营销计划的数据部分。营销预算作为部门预算，它与酒店其他部门预算共同构成了酒店总体预算。编制营销预算是酒店营销经理的重要职责，它将直接影响到酒店的年度营销工作能否顺利进行以及成果如何，因此营销经理必须予以高度重视。

特别提示：

酒店营销预算并不是简单地将收入和支出数据计算出来。一个好的预算，其数据必须能反映出营销工作的重点、工作目标以及资源和工作的配置情况。通过检查营销预算的执行情况，能够发现计划与实际工作中的不足，从而有利于酒店调整经营决策和改进经营管理。因此，营销预算是重要的管理工具。

（一）预算的组成

酒店营销预算由销售收入和费用支出两大部分组成。在酒店实际营运中，销售收入的预算分别由各接待部门如客房部、餐饮部等直接创收部门编制，而营销预算主要是编制市场营销部门用于市场营销活动的费用计划。

酒店营销费用主要由以下几类费用组成：

1.营销部员工的工资福利

营销部员工是指本部门所有的管理人员、营销人员、公共关系人员、秘书以及临时合同工；其工资福利包括工资、奖金、工资税保险费、养老金以及给本部门员工提供食品和饮料的费用，还有其他福利奖金等。

2.营销部管理和日常费用

这是指与营销部门有关的费用支出，具体包括：

（1）办公费用。如使用的印刷表格、文具办公用品、销售手册等。

（2）通信费用。电话、电传、传真、信函及其他邮资费用。

（3）国内外销售旅行差旅费用。

（4）汇票和订阅费。

（5）酒店订房系统入网费。

（6）促销活动费。

（7）市场调研费。

（8）交际费。包括经理、营销人员

随手札记

和其他员工的交际费。

(9) 酒店宣传资料小册子和特色菜单等费用。

(10) 其他各项支出，如陪同餐费、制装费、培训费等。

所有这些支出都应当计入相应的表格中，由相关负责人签字确认。营销经理要高度重视对这些表格的管理工作。因为一旦对这些表格的管理工作出现差错，就很容易造成预算与实际支出不符，如表5-1所示。

3.广告和促销费用

这是指酒店用于广告和促销活动的费用。在本书第四章“营销推广活动”中详细介绍了各种广告方式。每年营销经理要安排好各项广告的预算工作，具体内容可以填入表5-2中。

（二）制定预算的方法

编制预算的核心在于确定各项费用的具体数额。而如何确定这些数额，不同营销经理会有不同的做法，其中使用较多的如表5-3所示。营销经理可以根据本酒店的实际情况选择最合适的方法。

表5-1 营销部日常费用表

		1月	2月	3月	一季度	4月	5月	6月	二季度	7月	8月	9月	三季度	10月	11月	12月	四季度	全年
费用																		
工资																		
奖金																		
福利																		
总工资和福利																		
其他费用	办公用品																	
	待客用品																	
	清洁用品																	
	纸张																	
	文具																	
	通信																	
	电话与电传																	
	邮资和电报																	
	旅行推销（本地）																	
	旅行推销（外地）																	
	订阅费																	

（续表）

		1月	2月	3月	一季度	4月	5月	6月	二季度	7月	8月	9月	三季度	10月	11月	12月	四季度	全年
其他费用	预订入网费																	
	促销活动																	
	市场调研																	
	交际费（经理）																	
	交际费（营销人员）																	
	交际费（其他人员）																	
	小册子																	
	杂项																	
	陪同餐费																	
	制服																	
	培训																	
其他费用总额																		
部门费用总额																		
市场营销费用总额																		

随手札记

表5-2　广告预算表

预算委托单位：	负责人：
预算单位：	负责人：
广告预算项目：	期限：
广告预算总额：	预算员：
广告预算时间：	预算书编号：

项目	开支内容		费用	执行时间
市场调研费	（1）文献检索			
	（2）实地调查			
	（3）研究分析			
广告设计费	（1）报纸			
	（2）杂志			
	（3）电视			
	（4）电台			
	（5）其他			
广告制作费	（1）印刷			
	（2）摄制			
	（3）工程			
	（4）其他			
媒体租金	（1）报纸			
	（2）杂志			
	（3）电视			
	（4）电台			
	（5）其他			
公关促销费	（1）公关			
	（2）促销	A市场		
		B市场		
		C市场		
		D市场		
服务费				
管理费				
其他杂费				
机动费用				
总计				

表5-3　制定预算的方法表

序号	方法	内容
1	经验推断法	是以酒店当年各项费用项目的实际开支数为基础，然后预测计划年度各项费用可能发生的增减变动，来确定它们的增减数额。该方法简便易行，适用于经营比较稳定的酒店。但是，过去的数据不一定完全反映未来的经营情况，尤其是在酒店市场波动较大、竞争激烈的形势下，采用这种方法容易造成预算额的不准确，甚至会出现将过去的错误延续到今后的现象
2	量力而行法	即按酒店所能拿出的资金数额来编制。该方法在酒店广告的预算中较多见，也就是说，在其他市场营销活动优先分配经费之后，尚有剩余部分供广告之用。这种预算方法考虑到了酒店的财力情况，但却忽视了广告的目的在于促进销售，而预算时必须考虑需要多少营销费用才能达到销售的目标
3	行业比率法	即根据同行业的标准确定营销预算总额。采用行业比率法，酒店只要稍微结合本酒店的实际情况，参照同行业的相应费用，就可确定自己的营销预算，但是，这种行业比率法也许并不适用于本酒店
4	竞争对等预算法	在国外又称做“复制猫法”，是指酒店对照竞争者的营销开支来决定自己的营销开支，以保持竞争上的优势。这种方法简便易行，但忽视了各个酒店具有的特殊性。因为各酒店的信誉、产品和服务、经营机会以及营销目标和销售力量并不完全相同，某一酒店的营销预算不一定值得其他酒店比照。因此，同样的营销费用支出并不意味着就能带来同样的效果
5	目标任务法	是指酒店在编制营销预算时，先根据营销目标，决定为达到这种目标而必须执行的工作任务，然后估算执行这些工作任务所需的各项费用，这些费用的总和就是营销预算。酒店在编制总的营销预算时，要求每个营销经理准备一份营销预算申请单，尽可能详细地限定其营销目标，该目标最好以数字表示
6	零基预算法	这种方法与目标任务法在实际操作上很相似，其特点是对于任何一个预算（计划）期、任何一项费用的开支数，都不以过去和现有的基础为出发点，即不考虑当年的费用开支水平，而是一切从零开始，将下一个预算期作为独立的经营周期，根据各项费用是否必要，是否能达到最佳的经济效果来决定其预算费用水平。采用零基预算方法，所有的费用都与预算年度的各项营销活动紧密相连，而各项营销活动的计划是在对酒店的营销优势以及经营机会和挑战进行分析之后作出的，这样，便能够保证各项费用得到最佳配置。但这种方法需要进行大量的调查研究和细致的工作才能应用

四、制订年度营销计划

营销经理每年都要制订年度工作计划，但那只是对全年所有工作的安排。营销经理还需要对自己最主要的工作，即营销工作，单独做一份计划，明确自己一年中应当做的营销事务。

（一）确定营销目标

营销目标是营销计划的核心部分，它是在分析酒店营销现状并预测未来可能的机会和威胁的基础上制定出来的。营销目标能让营销部员工了解本部门奋斗的总方向，又有助于营销组合的分工，便于衡量营销计划执行结果。因此，如果没有营销目标，计划制订过程中的后续工作就无从谈起。

营销经理必须对营销计划的目标作出决策，包括财务目标和营销目标。要注意，营销目标不能抽象化，而要尽量量化和具体化。

（1）财务目标。确定全年的总营业额、毛利额、利润等。

（2）营销目标。酒店财务目标必须转化为营销目标，才具有可操作性，要预测年度营业额、出租率、平均价格、市场份额以及酒店的知名度和美誉度等。

（二）制订营销计划

在制订营销计划时，营销经理要综合考虑多种因素，如去年营销计划及最终结果，市场变化情况，部门人员变动等。营销经理要注意不能漏掉关键因素而导致计划出现差错。下例是某酒店制订的年度营销计划，仅供参考。

【范例30】

××酒店年度营销计划

一、市场定位和目标确定

我店本年度的主要目标市场应确立为以商务市场为主导（包括散客、商务会议），以旅游市场为辅。商务市场的开发，我们必须着力拓展商务会议团队，不仅只是附近的地区，而且要把触角发展到其他市、区，提高酒店的知名度和美誉度，把酒店打造成为本市知名商务品牌。保证客人的忠诚度，为今后的竞争打下基础。

根据淡旺季不同月份、各黄金周制定不同的促销方案，作为各月份工作重点和目标。

1～3月份：

（1）加强对春节的市场调查，制定春节促销方案和春节团、散预订。

（2）加强会务促销。

（3）加强商务促销和协议签订。

4月份：

（1）加强会务、商务客户促销。

（2）加强对五一节市场调查，制定五一节促销方案和五一节团体、散客的预订。

5月份：

（1）加强旅游促销。

（2）加强商务促销。

6月份：

（1）加强对“高考房”市场调查，作出高考房促销活动。

（2）加强商务促销。

7～9月份

（1）7～9月属于住宿业旺季。

（2）加强宣传力度。

11～12月份：

（1）加强对春节市场调查。

（2）加强会务促销。

（3）加强商务促销和协议签订。

10月工作重点：

（1）加强会议促销。

（2）加强商务促销和协议签订。

二、全年营销应对策略

2012年是本酒店站稳脚跟、营造知名品牌、保持在本市的地位进行攻关战的最为关键的一年，因此本酒店的营销计划就显得至关重要，现从酒店的实际出发，制订年度营销计划。

1.价格策略。

（1）实施“酒店VIP”计划策略，通过会员在酒店的频繁消费来提高和稳定酒店的整体收入。VIP营销是一种会员制营销方式，它以建立会员制为发展导向，在观念认识上，利用80/20法则，将客人占有率和忠诚度放在首位；目标是从酒店特色经营出发，充分挖掘酒店的最大市场潜力；在运作策略上，完全以客人需求为中心，从充分利用好信息资源入手，准确地界定酒店的市场定位，营造酒店经营特色；强化酒店品牌效应，完善激励机制的促销战略；通过控制有力、行之有效的电话营销系统，帮助酒店挖掘一批具备高消费能力的忠诚客户群体，也就是为酒店创造80%利润的20%的忠诚客户。

（2）营销特色策略、策划活动包括：降低房价、免费提供停车场、免费接等，与“酒店VIP”计划相结合，采用会员积分制，价格明升暗降，给予一定的让利。

2.销售策略。

（1）以内部营销为本。酒店对员工进行严格的挑选和训练，使新员工学会悉心照料客人的艺术，培养员工的自豪感，把培养忠诚员工、提高员工满意度放在追求品牌忠诚之前，让员工快乐地工作着。教导员工要做他们能做的任何事情，全体员工无论谁接到投诉都必须对此投诉负责，直到圆满解决为止。在表彰杰出员工方面，按效率优先、兼顾公平的原则，根

随手札记

据员工绩效进行细分奖项，给各方面有贡献的员工颁发各种相应的奖励。

（2）细分市场体验营销策略。通过重新定位，把目标转向稳定和满足客户各类需求上，巩固现有市场占有率和客人忠诚度，坚决不做多而全的、没有重点的工作。此外，在细分市场的基础上进行体验营销，应遵循以下原则：

• 优质的全面质量管理，让客人使用最佳的产品组合。

• “客人第一”的经营理念。

• 追求服务的零缺陷，为客人解决能够解决的一切问题。

（3）直接销售策略。要求酒店每个员工在面对客人时都成为销售人员，而不管其实际的职务和身份，从而加大对客人的把握度。

三、营销危机补救

1.对销售目标和任务要及时进行评估，做到每天一汇报，每周一小结，每月一总结，分析原因，总结经验教训，及时找出原因和研究好对策。

2.建立应急机制，有不可抗拒的事件发生时应从容应对，加强安全卫生检查，树立“安全第一，预防为主”的安全意识，在实际操作中，对送来的食材要进行检疫测试。

3.建立一套稳健、公平的管理机制，明确任务，赏罚分明，努力创造一流的工作环境。

四、评估控制

1.年度计划控制：由总经理负责，其目的是检查计划指标是否实现，通过进行销售分析、市场占有率分析、费用百分比分析、客户态度分析及其他比率的分析来衡量计划实现的质量。

2.获利性控制：由营销控制员负责，通过对产品、销售区、目标市场、销售渠道及预定数等分析加以控制，检查酒店赢利或亏损情况。

3.战略性控制：由营销经理及酒店特派员负责，通过核对营销清单来检查酒店是否抓住最佳的营销机会，检查产品、市场、销售总体情况及整体营销活动情况。

五、营销团队的建设与管理

营销团队的建设与管理是营销经理每年的重点工作，目的在于为团队搭建一个良好的工作平台。营销经理要招聘到最好的人才、完善各种制度及其他制度建设、提供团队学习的环境、创造良好的沟通氛围、树立管理者的威信和核心地位、工作目标统一等都是团队建设的需求。在团队得到发展的同时，营销经理还要注意团队个人的发展，需要定期调整人员，最好为团队成员创造更多的提升机会。

（一）要聘用最好的营销人才

用人的秘诀是，第一次就要聘用最好的人才，宁缺毋滥。对营销经理来说，如果聘错了人，不管花多少时间去指导、训练、激励和要求，都无法胜任，不但浪费了时间和精力，浪费了许多的资金，而且对酒店会造成许多无形的损失。

具体招聘事宜可以参考本书第四章中有关“员工招聘”的内容。

（二）营销团队的日常管理工作

营销经理对营销团队的日常管理工作是其他管理工作顺利开展的基石。“万丈高楼平地起”，越是最基础性的日常管理工作，越是关系到整个营销团队的成长。可以说，一个营销团队的学习交流、心态调整、信息反馈、重点明确、工作布置基本上是通过日常管理工作的开展来完成的。一般来讲，日常管理工作的开展主要有以下几种方式。

1.会议管理

会议种类一般包括：每日早会、每周例会、每月总结会。当然不同营销团队会有不同的会议周期。例如某酒店营销经理就推行了“日清日高、周报周训、月月推进”的会议管理制度。

会议内容主要包括：

（1）团队成员总结上阶段的工作执行情况、计划下阶段的工作目标及内容、提出工作中存在的问题。

（2）营销经理对上阶段营销工作做出整体分析与点评，并对下阶段的营销工作做出安排。

（3）营销经理公布团队成员上阶段业绩，奖励工作先进者并向落后者提出整改建议。

（4）开展营销专题讨论或培训，帮助团队成员提升技能、调整心态，激励整个团队的士气。

2.场所管理

这里所说的场所主要是指营销团队日常集合办公及短暂休息的地方，如会议室、办公室等。场所管理必须突出几个主题：

（1）安静：安静是工作学习的环境需要，闲杂人员过多或者是过于吵闹的场所都不太合适。营销经理应注意创造一个安静的工作场所。

（2）温暖：团队是一个大家庭，胜利的成员固然要得到褒奖，暂时失利的成员更需要在这里得到关心，因此场所要能给人以感觉或心灵的温暖。

（3）宽松：没有必要让团队成员24小时紧绷神经，场所的整体氛围要求明亮、缓和、舒畅。

随手札记

（4）规范：既然主要是用来办公的，那么办公桌椅必须摆放整齐，环境卫生应该清洁，制度、排行榜、标语也要按要求规范地布置。

（三）制定薪酬制度

对于销售报酬制度的选择和确定，是营销经理建设销售团队中的关键。有人把销售报酬制度视为营销经理管理工作的“纲”，只要善于抓住和利用好这个纲，就能使复杂的管理问题得到解决。正因为如此，酒店销售报酬制度的确立，绝不是一个战术性的问题。

因此，营销经理要定期对销售报酬制度进行评价，以寻求改革和完善的途径。制定时要注意：

1.要量身定做

没有一个制度是完美的，也没有一个制度可以适用于任何行业或任何企业，因此，营销经理应该根据本酒店的目标、规模、政策等来设定本部门员工的业务报酬制度。

2.贡献与收入相符

营销人员对酒店的贡献越高，也就是创造的业绩和利润越高，收入自然也越高。对越有能力的人营销经理越要以高工资和高奖金让他们把业绩尽量提高。

3.付给高待遇

许多企业希望“既要马儿跑，又要马儿不吃草”，对于营销人员的待遇斤斤计较，这是错误的心态。营销经理不要怕给营销人员高的工资和奖金，只怕营销人员创造不出高的业绩。

4.具有高度的激励效果

最不好的业务报酬制度是缺乏激励性，营销人员像公务员，做得好、做不好都无所谓，因此，形成了“劣币驱逐良币”的现象，导致真正的好人才留不住。

5.制度要具灵活性

制度是死的，运用是活的，因此，制度设定以后，营销经理必须依据实际的状况作适当的调整。尤其是碰到同业竞争或担负特殊任务时，应该要有弹性与灵活性。

6.防止营销人员老化

酒店营销部是负责酒店服务产品营销的前哨部门，营销人员的技能和个人素质一般较高。但在从事了两年或数年的营销工作之后，销售队伍一般会出现或明或暗的老化现象。营销经理应注意到这一点，并采取有效措施来解决这个问题。

防止酒店营销人员老化的措施有以下几项：

（1）调整新老客户业务提成制度。以半年为标准，下调老客户的业务提成，而新客户业务提成上升为即有标准的2～5倍。

（2）取消每月的固定交通补助。营销人员每月业绩按一定的比例提取交通费，以此促使营销人员主动外出寻找业务。

（3）设立最高业绩奖和业绩增长奖。设置营销人员月业绩曲线图，清楚了解各营销人员的业绩升降情况，以对比形成竞争压力。对每月业绩最高者给予一定的奖励，对本月业绩比上月增长超过30%者，同样给予一定的鼓励奖。

（4）加强对营销人员的培训。与人力资源部配合，对营销人员进行推销礼仪、电话推销、推销技巧等方面的培训，或与行业交流，在提高销售技能的同时，让营销人员感觉到现在掌握的知识还远远不够，激发起其再次学习的动力。

（5）对优秀的营销人员给予升迁鼓励。资深营销员拥有丰富的营销经验和客户关系。提升至一个更高的层面后，可助其搭建一个更能施展的平台，在新手培训、整合营销、大客户维护等方面发挥更大的全局性功能。

（6）强化服务经理角色。改变营销人员从接单到送客的一条龙服务，使营销人员从烦琐的接待、协调中解脱出来，专心从事酒店产品销售业务。营销人员将签署后的合约、日程安排表及客户负责人移交至服务经理后，客户在酒店的所有行为即由服务经理负责。

（7）招聘新员扩充销售队伍。在前厅及酒店其他一线部门筛选优秀的员工进入营销部，在补充销售队伍新鲜活力的同时，以后浪推前浪的形式促成整个队伍的良性竞争。

（8）有意识地给营销人员新的工作任务与压力。与公关部门配合，挖掘并整理出新的客源市场，然后分派给营销人员去联络与促销，并给予必要的公关支持。

（9）严格考勤、报表制度。对于工作态度及业绩仍无起色者，考虑调换工作，以便招聘那些立志从事销售工作的人。

（四）制定员工激励方案

销售工作是一项具有挑战性的工作，充满艰辛与困难，营销经理要不定期地给予激励，设置竞争奖励能激发营销人员的求胜意志，可以提高士气。竞争激励的目的是要鼓励营销人员作出比平时更多的努力，创造出比平时更高的业绩。

营销经理要制定合适的员工激励方案，将员工的工作业绩与最终收入挂钩。这些方案可以以文本方式制定，也可以做成协议书。营销经理代表酒店与销售人员签署协议书，明确各项激励措施。一旦员工完成预定任务，就能获得明确可知的奖励，这样必然可以激发员工更强烈的工作热情，为自己和酒店创造更多的收入。

随手札记

【范例31】

××酒店营销部营销人员激励措施协议书

甲方：

乙方：　　　　职位：旅行社客户主管

为了提高酒店营销部人员的工作能力，促进销售业绩，依照“按劳取酬，多劳多得”的原则，针对现有的营销人员（以下简称：乙方）实施工效挂钩的激励方案。

（一）乙方收入组成

由基本工资、效益工资、交通及通信补贴、提成奖金组成。

（二）收入分类：

1.基本工资：客户主管基本工资___元。

2.交通及通信补贴：客户主管____元/人/月。

3.效益工资：效益工资为_____元（客房效益工资）。

4.提成奖金：达到预定考核指标后，超出部分按照有关规定提取奖励基金。

（三）考核办法

乙方作为营销部客户主管需完成客房销售月考核指标：34万元。

指标与提成奖励：

1.旅行社及网络订房指标为29万元，超出部分业绩按2%进行提成奖励。

未达考核指标，旅行社营销人员效益工资对应扣除明细金额表具体如下：

职务		旅行社客户主管
（A）客房任务（R）		29万元
客房效益工资	R<20万元	无效益工资
	20万元≤R<25万元	200元
	25万元≤R<28万元	500元
	28万元≤R<29万元	800元
	29万元≤F	1000元+超出部分2%

2.商务散客及商务会议客房销售指标为5万元，餐饮业绩按2%提成。

未达商务考核指标旅行社营销人员效益工资对应扣除明细金额表具体如下：

职务		旅行社客户主管
（A）商务客房任务（R）		5万元
客房效益工资	R<3万元	无效益工资
	2万元≤R<3万元	400元
	3万元≤R<4万元	600元
	4万元≤R<5万元	800元
	5万元≤F	1000元+超出部分2%

注：（1）如果完成的业绩中包括未收回的乙方产生的客户（含经甲方总经理批准的应收账款，如乙方发展的签单挂账协议客户），销售业绩可计入乙方当月销售业绩，但效益工资或提成奖金的发放必须以实际收回的应收账款作为发放的依据。

（2）为防止坏账的发生，所有未签署《签单挂账协议》而由销售人员担保结账的含经批准的担保账单，在相关款项未收回以前，将暂时停发该销售人员的所有薪金，直至抵消该部分担保挂账金额。

（3）乙方业绩考核范围：仅限乙方

自行产生或签约客户单位。

（4）相关销售底价及未达标考核参照《营销部工效挂钩奖惩方案》的相关内容。

（四）业绩考核实施细则

1.根据本协议上述有关规定，所有旅行社和客户及会议团体低于本协议约定的酒店最低房价所产生之房租收入按6折计入乙方业绩（长住房除外）；同时，客户如有额外的返佣奖励，有关房价考核指标均按照返佣后的净价进行核算。如遇重大节假日或重大活动将另行调整。房价需经总经理批准后方可计算业绩。

2.乙方每月实际完成业绩应为电脑统计业绩加上因为操作原因未录入电脑的业绩（经审核批准）。

3.根据本文规定的计算方法，如果实际完成业绩超过考核指标，则在发放奖励的基础上，按超额比例计提奖励基金。

4.遇到重大节假日或重大活动，乙方最低房价考核指标将由甲方进行相应调整。

5.如酒店年终达到预期营业预算，将享受年终花红，具体发放比例及金额由董事局决定。

6.如需进行任何职位的变更，必须在原职位服务3个月以上（降级及解聘除外）。

7.薪金所涉及的相关税费由乙方本人承担。

（五）特别声明

乙方已清楚了解并完全接受本协议中所列的内容，同时，乙方承诺负责所发展的协议客户在酒店消费所产生的各种账务应收工作（含经批准担保的账务），并承担其责任。在乙方无法完成销售考核指标的情况下而受到甲方的处罚乃至辞退时，乙方保证不会因此而与甲方产生任何法律及劳动纠纷。乙方作为甲方酒店的员工，必须遵守甲方各项规章制度并保证不在同行业中兼职任何工作，如有违反，愿意接受甲方任何处理。

本协议一式两份，自××××年××月××日起生效，有效期至××××年

随手札记

××月××日。原甲乙双方签订的《酒店营销部销售人员激励措施协议书》，自本协议签订日起自行作废。

甲方：　　　　　　乙方：

签章　　　　　　　签章

年　月　日　　　　年　月　日

六、开展市场调查工作

酒店市场调查的范围，包括直接或间接影响酒店营销的各方面信息，除对当地现有的主要客源国进行必要的了解和分析外，还要对国内和本地的政治形势、经济发展，特别是旅游业的发展状况，作全面调查研究，因此，市场调研的内容极为广泛。

（一）明确调查内容

营销经理开展市场调查，应明确需要调查的事项，具体内容如表5-4所示。

表5-4　酒店市场调查内容表

类别	内容
宏观环境	（1）中央和地方政策的明确性和稳定性 （2）政府的有关法令和规定，商业、贸易、税收、外贸、财政以及旅游政策的特殊性 （3）当地经济发展规划和远景计划 （4）国际环境对国家政策的影响 （5）当地经济发展状况、市场经济的进程、国民生产总数、人均收入、居民的存款以及当地人口消费水平和消费结构等 （6）当地居民总体接受教育程度、文化和风俗人情特点 （7）当地现有和发展的前10位的工业项目
周边旅游发展状况	（1）每年到当地旅行的人数（以前3年的情况，以后3年的预测） （2）旅游人数中，外国人，港、澳、台同胞及海外华侨、外地人各占的比例 （3）旅游季节的分类（按人口数量划分） （4）当地旅游资源和特色 （5）旅行的目的和团体与散客的比例 （6）主要交通工具（飞机、火车、轮船、长途汽车等）及其年流量 （7）机场的日流量和潜力 （8）可以挖掘潜力和客源市场预测
竞争市场情况	（1）市场的特点和发展趋势 （2）现在和远期可提供的房间总数（含建设和计划中的酒店） （3）旅游人数与酒店需求的总值对比 （4）当地酒店产品（硬件和软件）的优势和不足 （5）最主要竞争对手的基本经营策略、主要促销方式、出租率、客源构成以及价格政策 （6）竞争对手的产品与本酒店相比明显的不足和劣势
本酒店产品情况	（1）产品（硬件设施和服务项目）的概况 （2）产品的强调 （3）酒店在市场的定位及价格政策 （4）拟选择的市场分类策略 （5）对本酒店可开发的客源和市场的综合评估

（二）明确调查方法

营销经理要开展有效的市场调查，首先需要知道常见的调查方法，然后根据酒店的实际情况采用合适的方法进行调查，见表5-5。

上述大多数调查方法都需要一张完整的调查问卷。营销经理无论采取哪种调查方法，都应该先设计一张合适的调查问卷。以下提供一范例，仅供参考。

表5-5　常见的市场调查方法

序号	方法	内容
1	入户面访调查	（1）所谓面谈访问调查，就是调查员按照抽样方案中的要求，到抽选中的家庭或单位，按事先规定的方法选取适当的被访者，再依照问卷或调查提纲进行面对面的直接访问 （2）入户以后要具体确定访问的对象。根据研究的目的不同，确定的访问对象也不同
2	街头拦截式调查	（1）由经过培训的调查员在事先选定的若干个地点，如交通路口、户外广告牌前、商城或购物中心内（外）等，按照一定的程序和要求，选取访问对象，征得其同意后，在现场按照问卷进行简短的面访调查 （2）在事先选定的若干场所内，根据研究的要求，摆放若干供被访者观看或试用的物品；然后按照一定的程序，在事先选定的若干场所的附近，拦截访问对象，征得其同意后，带到专用的房间或厅堂内进行面访调查
3	电脑辅助个人调查	（1）由经过培训的调查员手持笔记本电脑，向被访对象进行面访调查。调查问卷事先已经存放在电脑内，调查员按照屏幕上所显示的问答题的顺序和指导逐题提问，并及时地将答案输入电脑内。目前CAPI用的电脑也可以十分方便地处理开放式的问答题，可将被访者的回答输入电脑 （2）对被访者进行简单的培训或指导后，让被访者面对电脑屏幕上的问卷，逐题将自己的答案亲自输入到电脑内。调查员不参与回答，也不知道被访者输入的答案，但是调查员可以待在旁边，以便随时提供必要的帮助
4	邮寄调查	是指调查者将印制好的调查问卷或调查表格，通过邮政系统寄给选定的被调查者，由被调查者按要求填写后，按约定的时间寄回的一种调查方法

（续表）

序号	方法	内容
5	留置问卷访	是指调查者将调查问卷当面交给被调查者，说明调查的目的和要求，由被调查者自行填写问卷，按约定的时间收回的一种方法
6	电话调查	是指通过电话向被调查者询问有关调查内容和征求市场反映的一种调查方法。调查者按照统一问卷，通过电话向被访者提问，笔录答案
7	网络调查法	（1）网站／网页法。是将凋查问卷的 HTML 文件附加在一个或几个网络站点的 Web 上，由浏览这些站点的网上用户在此 Web 上回答调查问题的方法。站点法属于被动调查法，这是目前出现的网上调查的基本方法，也将成为近期网上调查的主要方法 （2）电子邮件法。是通过给被调查者发送电子邮件的形式将调查问卷发给一些特定的网上用户，由用户填写后以电子邮件的形式再反馈给调查者的调查方法。电子邮件法属于主动调查法，与传统邮件法相似，优点是邮件传送的时效性大大的提高了 （3）随机 IP 法。是以产生一批随机 IP 地址作为抽样样本的调查方法。随机 IP 法属于主动调查法，其理论基础是随机抽样，利用该方法可以进行纯随机抽样，也可以依据一定的标志排队进行分层抽样和分段抽样 （4）视讯会议法。是基于 Web 的电脑辅助访问（Computer Assisted Web Interviewing，简称 CAWI），是将分散在不同地域的被调查者通过互联网视讯会议功能虚拟地组织起来，在主持人的引导下讨论调查问题的调查方法 （5）网上问卷调查法。是将问卷在网上发布，被调查对象通过 Internet 完成问卷调查。网上问卷调查是将问卷放置在 WWW 站点上，等待访问者访问时填写问卷，这种方式的好处是填写者一般是自愿性的，缺点是无法核对问卷填写者的真实情况。为达到一定的问卷数量，站点还必须进行适当宣传，以吸引大量的访问者 （6）网上观察法。观察被调查者的非语言行为、空间行为、语言行为及非语言行为等

【范例 32】

××酒店市场调查问卷

1.您的性别是：（　）

A.男　B.女

2.您的年龄是：（　）

A.22岁以下　B.23～30岁　C.30～45岁　D.45岁以上

3.您的职业是：（　）

A.公务员　B.企业高管

C.企业员工　D.私营企业主

E.自由职业者　F.其他

4.您的个人年收入是：（　）

A.5万～10万元　B.10万～20万元

C.20万～50万元　D.50万元以上

5.您平均每年的外出住宿频率为:（　）

A.3次以下　B.4～10次　C.10次以上

6.您每次外出住宿平均停留的时间是：（　）

A.1天　B.2天　C.3天　D.3天以上

7.您一般选用的订房方式是（可多选）：（　）

A.酒店网络订房　B.携程、艺龙等在线第三方预订

C.酒店前台电话订房　D.114等平台电话订房

E.企业协议客户订房　F.其他

8.您一般基于什么原因出行会选择酒店住宿（可多选）：（　）

A.公务　B.商务　C.休闲度假　D.探亲访友

E.其他

9.您最常入住的酒店档次：（　）

A.五星级　B.四星级

C.三星级酒店　D.经济型酒店

E.其他

10.您平常入住的酒店客房价格为：（　）

A.250元以下　B.250～400元

C.401～550元　D.551～700元

E.701元以上

11.您选择酒店时考虑的首要因素是：（　）

A.酒店品牌　B.硬件设施

C.服务品质　D.酒店主体特色

E.周边配套成熟度　F.其他

12.您主要是通过什么渠道获取酒店相关信息的：（　）

A.同事、亲戚朋友　B.报纸及杂志

C.网络媒体　D.广告牌或酒店标志

E.其他

13.您是否有过××酒店住宿经历：（　）

A.忠实消费者　B.有过几次

C.正打算尝试入住　　D.仅限于了解，尚未有入住意愿

14.假设我们××酒店客房可以达到四星级档次，您愿意支付的酒店房价是：(　)

A.250元以下　　B.250～400元

C.401～550元　　D.551～700元

E.701元以上

15.除住宿服务外，您期望××酒店还提供哪些方面的服务(只限三项)：(　)

A.特色餐饮服务　　B.会议服务

C.商务服务、票务中心服务　　D.娱乐服务

E.购物服务　　F.洗衣服务

16.您希望××酒店有以下哪些餐厅(只限两项)：(　)

A.全日餐厅　　B.当地特色餐厅

C.异国风味餐厅　　D.咖啡厅

E.烧烤吧　　F.茶吧

G.酒吧　　H.其他

17.您偏好的××酒店主题为(只限两项)：(　)

A.生态自然　　B.传统文化　　C.异国情调　　D.民族特色

E.养生　　F.时尚艺术　　G.其他

18.您偏好的××酒店风格为：(　)

A.高贵、典雅　　B.时尚、个性

C.简约、大方　　D.主题鲜明、给人梦幻感

19.您希望××酒店给您的最强烈的感觉是：(　)

A.放松、减压　　B.温馨、舒适

C.精致、高雅　　D.私密、尊贵

E.其他

20.您认为阅览室/书吧(公共区域)的重要程度为：(　)

A.非常重要　　B.重要　　C.一般　　D.不重要

E.完全不重要

21.您认为纪念品店(公共区域)的重要程度为：(　)

A.非常重要　　B.重要　　C.一般　　D.不重要

E.完全不重要

22.您认为便利店(公共区域)的重要程度为：(　)

A.非常重要　　B.重要　　C.一般　　D.不重要

E.完全不重要

23.您认为按摩椅(客房区域)的重要程度为：(　)

A.非常重要　　B.重要　　C.一般　　D.不重要

E.完全不重要

24.您认为健身中心(康乐区域)的重要程度为：(　)

A.非常重要　　B.重要　　C.一般　　D.不重要

E.完全不重要

25.您认为SPA(康乐区域)的重要程度为：(　)

A.非常重要　　B.重要　　C.一般　　D.不重要

E.完全不重要

26.您认为棋牌室（康乐区域）的重要程度为：（　）

A.非常重要　B.重要　C.一般　D.不重要

E.完全不重要

27.您认为KTV（康乐区域）的重要程度为：（　）

A.非常重要　B.重要　C.一般　D.不重要

E.完全不重要

28.您比较关注的客房细节是:（　）

A.床　B.洗浴设施　C.配套设施　D.其他

29.以江南水乡为主题风格的××酒店是否是您喜欢的风格:（　）

A.喜欢　B.非常喜欢

C.一般（不排斥）　D.不喜欢

30.××酒店的价位会比普通商务酒店的价位高一些，如果设备及服务到位您是否会经常光顾：（　）

A.会，本人对酒店的设施及服务要求高

B.不会，对酒店的要求不高

C.看情况，随心情

31.假如您是××酒店的VIP客户，您希望享受到哪些服务（多选题）：（　）

A.接送服务　B.购票服务

C.订餐、送餐服务　D.司机兼办事员服务

E.商务服务　F.洗衣、烫衣服务

G.代购服务　H.导游服务

I.其他（请填写）

32.对于××酒店来说，您觉得必须达标的硬性条件是（只限三项）：（　）

A.酒店房间硬件设施　B.酒店服务品质

C.人性化服务　D.酒店整体风格及环境

E.酒店文化　F.酒店周边环境设施

G.其他（请填写）

33.如果您是××酒店的一个客户，您住店后最想感受到的服务体验是：（　）

A.家人般体贴　B.贵族般享受　C.朋友般热情

34.您希望××酒店未来还能为您提供哪些服务?

____

____

35.您对××酒店的其他宝贵意见和建议：

____

____

____

感谢您抽出宝贵的时间为我们做此次调查，××酒店祝您生活愉快！

（三）调查报告与分析

营销经理可以选用一种调查方法，也可以用多种方法，这可以根据酒店实际情况安排。调查报告出来后，营销经理应对报告内容进行分析，以全盘掌握周边市场情况。下例是某酒店市场调查报告，仅供参考。

【范例33】

××酒店市场调查报告与分析

一、酒店周边5公里内市场分析

<table>
<tr><th>酒店名称</th><th>地址</th><th>开业时间（年）</th><th>房数（间）</th><th>单项</th><th>单人房价</th><th>双人房价</th><th>套房价</th><th>中介房价</th><th>会议房价</th><th>团体房价</th><th>会议室</th><th>停车场</th><th>入住率</th><th>平均房价</th><th>Revpar</th></tr>
<tr><td rowspan="3">××酒店</td><td rowspan="3">××区××路×××号</td><td rowspan="3">2004</td><td rowspan="3">218</td><td>公司协议价（元）</td><td></td><td></td><td></td><td rowspan="3"></td><td rowspan="3"></td><td rowspan="3"></td><td rowspan="3"></td><td rowspan="3"></td><td rowspan="3">60%</td><td rowspan="3"></td><td rowspan="3"></td></tr>
<tr><td>数量（间）</td><td></td><td></td><td></td></tr>
<tr><td>入住率</td><td></td><td></td><td></td></tr>
<tr><td rowspan="3">××酒店</td><td rowspan="3">××区××路×××号</td><td rowspan="3"></td><td rowspan="3">169</td><td>公司协议价（元）</td><td>180～220</td><td>180～220</td><td></td><td rowspan="3"></td><td rowspan="3"></td><td rowspan="3"></td><td rowspan="3"></td><td rowspan="3"></td><td rowspan="3">100%</td><td rowspan="3">210～220</td><td rowspan="3"></td></tr>
<tr><td>数量（间）</td><td>57</td><td>35</td><td></td></tr>
<tr><td>入住率</td><td>100%</td><td>100%</td><td></td></tr>
<tr><td rowspan="3">××酒店</td><td rowspan="3">××区××路路×××号</td><td rowspan="3">2003</td><td rowspan="3">108</td><td>公司协议价（元）</td><td>398</td><td>388</td><td></td><td rowspan="3"></td><td rowspan="3"></td><td rowspan="3"></td><td rowspan="3"></td><td rowspan="3"></td><td rowspan="3">50%</td><td rowspan="3">380</td><td rowspan="3"></td></tr>
<tr><td>数量（间）</td><td>40</td><td>45</td><td>16</td></tr>
<tr><td>入住率</td><td></td><td></td><td></td></tr>
<tr><td rowspan="3">××酒店</td><td rowspan="3">××区××路中心大厦</td><td rowspan="3">2000</td><td rowspan="3">340</td><td>公司协议价（元）</td><td>340～400</td><td>340～400</td><td></td><td rowspan="3">330～360</td><td rowspan="3"></td><td rowspan="3">280</td><td rowspan="3"></td><td rowspan="3"></td><td rowspan="3">40%</td><td rowspan="3"></td><td rowspan="3"></td></tr>
<tr><td>数量（间）</td><td></td><td></td><td></td></tr>
<tr><td>入住率</td><td></td><td></td><td></td></tr>
<tr><td rowspan="3">××酒店</td><td rowspan="3">××区××路××大厦</td><td rowspan="3">2001</td><td rowspan="3">152/可用142</td><td>公司协议价（元）</td><td>380～400</td><td>380～400</td><td></td><td rowspan="3"></td><td rowspan="3"></td><td rowspan="3">510高级房</td><td rowspan="3"></td><td rowspan="3"></td><td rowspan="3">40%</td><td rowspan="3">400</td><td rowspan="3"></td></tr>
<tr><td>数量（间）</td><td>65</td><td>56</td><td>21</td></tr>
<tr><td>入住率</td><td></td><td></td><td></td></tr>
</table>

（续表）

<table>
<tr><th>酒店名称</th><th>地址</th><th>开业时间（年）</th><th>房数（间）</th><th>单项</th><th>单人房价</th><th>双人房价</th><th>套房价</th><th>中介房价</th><th>会议房价</th><th>团体房价</th><th>会议室</th><th>停车场</th><th>入住率</th><th>平均房价</th><th>Revpar</th></tr>
<tr><td rowspan="3">××酒店</td><td rowspan="3">××区××路×××号</td><td rowspan="3">2009</td><td rowspan="3">101</td><td>公司协议价</td><td>180～218</td><td>180～218</td><td>其他</td><td rowspan="3"></td><td rowspan="3"></td><td rowspan="3">130～150</td><td rowspan="3">100位
40位</td><td rowspan="3"></td><td rowspan="3">35%</td><td rowspan="3"></td><td rowspan="3"></td></tr>
<tr><td>数量</td><td>22</td><td>55</td><td>24</td></tr>
<tr><td>入住率</td><td>40%</td><td>40%</td><td>30%</td></tr>
<tr><td>重要数据小结</td><td colspan="15">（1）项目5公里内房价在150～200元每天入住的房晚量：3000～ 4000间（现在消费市场评估）
（2）项目5公里内房价在150～200元每天入住的房晚量：9000～12000间（未来市场需求预测）
（3）项目周边酒店双人房普遍比单人房多10%～30%
（4）项目周边3～4星级酒店有8～10家，只有××1家品牌经济型酒店（2公里以外），5星级感受2星级价格的中档酒店几乎是个空白
（5）项目周边酒店普遍商务客与旅行社客户并重
（6）项目周边酒店对钟点房、白天房、午夜房、长包房的推广普遍不积极
（7）会员在周边酒店的消费比例很小
（8）订房中介在周边星级酒店里起到很重要的作用
（9）项目周边酒店普遍没有推特价房，没有力度大的促销活动
（10）星级酒店主力房型前台价400～500元，公司协议价280～400元，旅行社价格180～280元；品牌经济型酒店主力房型前台价180～220元，公司协议价180～220元
（11）项目周边酒店单双房间比例介于4：6～5：5之间</td></tr>
</table>

二、酒店周边5公里内客源市场分析

<table>
<tr><th>会员</th><th>散客</th><th>商务协议客</th><th>娱乐客户</th><th>旅行社客户</th><th>会议客户</th><th>订房中介</th><th>其他</th></tr>
<tr><td>20%</td><td>3%</td><td>45%</td><td>10%</td><td>10%</td><td>2%</td><td>10%</td><td></td></tr>
<tr><td>小结</td><td colspan="7">由于酒店为××商业金融中心，中档商务客户、旅行社客户以及娱乐客户无疑是三大重点目标客户，在短期内旅游客户、娱乐客户、订房中介将在试业阶段起到重要的补缺作用，而商务客户作为酒店中长期里最核心、最具利润潜力的发展目标客户，将随着酒店经营的成长，扮演越来越重要的角色</td></tr>
</table>

三、未来核心目标客户分析

项目	商务协议		商圈	工业园	写字楼	娱乐休闲客源	订房中介	会议	旅游	其他		
	本地	外地										
	30%	15%	20%（含在30%内）	5%	20%	20%	15%	5%	10%	5%		
大客户增长分析												
未来（1～3年内）客源市场增长点												
小结	商务客户是项目未来的核心目标客户，同时会员、中介、娱乐、旅行社客户形成必要的淡旺季补充。我们要深入研究核心客户与补充客户的消费心理，顺利找到他们，说服他们成为我们的客户											

四、市场综合分析

<table>
<tr><td rowspan="2">市场竞争分析</td><td>优势</td><td>（1）地理位置优越，位于××区商业中心，金融机构近在咫尺，属于高端的商务办公地理
（2）××火车站离酒店5分钟距离，距机场45分钟
（3）酒店周边具有较高的人流量
（4）××酒店是一家老字号的酒店，在内地具有一定的名气
（5）酒店房间空间面积大，同时具备旅游及商务一体化
（6）具有大中小型会议室，方便企业开会且价格适中</td></tr>
<tr><td>劣势</td><td>（1）酒店开业时间悠久，房间设备陈旧，无法满足商旅人士需求
（2）酒店设备设施不匹配，单一的客房无附带的配套餐饮及娱乐项目
（3）停车场的车位不足，没有单一的酒店停车场，与住宅区共用停车场，导致酒店到晚上后无法正常停客户的车辆
（4）酒店是由宅房改装成客房，酒店门楼及外观不显眼
（5）酒店周边众多的三四星级酒店，且房间数量都在100～200间之间，价格及团体价都很便宜，造成不良竞争
（6）周边的酒店都在今年装修或翻新，使本酒店在硬件上无法和同行相比</td></tr>
</table>

（续表）

<table>
<tr><td rowspan="2">市场竞争分析</td><td>威胁</td><td>（1）酒店无门楼
（2）酒店周边三四星级酒店众多且配套设施设备齐全，会议用餐具备，房间数量众多，导致恶性竞争
（3）周边酒店在近年来不断地装修和翻新，导致本酒店客源流失
（4）房间设备陈旧导致客源流失
（5）酒店不断的接待旅行团来填补房间，周边的市场在不断的分流，导致房价乱
（6）招牌不明显、门面陈旧
（7）地毯味道大
（8）目前只有一台电梯，陈旧、运行速度较慢
（9）房间的隔音效果差
（10）房间的配备物品简单
1（1）停车位少</td></tr>
<tr><td>机会</td><td>（1）项目房间总数多
（2）项目房间面积大
（3）地理位置优越
（4）会议室相对齐全
（5）项目非常适合人体住宿睡眠
（6）酒店离会展中心交通方便，以前本酒店所留下的客户都是对酒店的一个支持
（7）酒店离地铁口近，人流量大，可以拉动酒店营收
（8）酒店周边无中档连锁商务型的酒店，房价普遍偏高，没有介于两星级到三星级的价格，这是一个空白的市场
（9）酒店具备会议室，可以引进商务团体提高酒店的知名度</td></tr>
<tr><td colspan="3">最值得学习和借鉴的竞争酒店（服务品质或营销策略）：</td></tr>
<tr><td colspan="3">1.××酒店服务品质高，服务态度很好，业务熟悉，讲解也很细心，同时房间里的增值服务较多，有些房间还有免费的饮料赠送，从第3天起住房可免费升级，24小时点对点退房
2.暂时没有，待补充</td></tr>
</table>

五、酒店定位

1.现有目标客源结构比例分析。

现有目标客源结构比例分析：××××年12月份客源比例：散客：2.12%，商务客户：19.25%，订房中心：0.97%，会员：1.31%，旅行社：0.97%。××××年5月份客源比例占酒店总收入：散客：0.6%，协议公司：15.56%，订房中心：1.36%，会员：3.39%，旅行社：14.02%。

2.未完成装修前，试业期间（1～3月）目标客户定位建议。

（1）会员客户（新店试业公告，给予特价体验）。

（2）项目原有客户（维护与提升）。

（3）项目周边酒店的客户（手机短信和定点派单）。

（4）项目周边娱乐客户（特价房、钟点房、白天房、午夜房）。

（5）旅行社客户。

（6）订房中介客户。

（7）协议商务客户。

（8）娱乐休闲客户。

3.项目中长期目标客户定位建议

项目中长期核心目标客户：商务公司。

项目中长期支持目标客户：会员客户。

项目中长期必要补充客户：旅行社客户。

4.基于市场竞争动态及现有酒店配套分析，酒店试业期间房价体系建议。

（鉴于长期定位是商务客户，建议保留1个100人的大会议室和1个50人的中会议室即可，有自己的特色中餐厅，其他的多余配套可以缩减。）

第一阶段设计规划112间单人房，119间双人房，14间套房。			
标准房	豪华房	标准套房	豪华套房
82间（52间单人房+30间双人房）	149间（60间单人房+89间双人房）	12间	2间
优惠价：138元	优惠价：198元	优惠价：238元	优惠价：288元
会员：128元 协议：128元 中介：5间送1间 旅行社：130元	会员：178元 协议：168元 中介：138元 旅行社：140元	会员：209元 协议：199元 中介：178元 旅行社：160元	会员：278元 协议：268元 中介：228元 旅行社：180元

七、签订营销部安全责任书

酒店每个部门都要同保安部签订安全责任书，一般部门安全负责人是部门经理，当然也可以安排专门人员负责。营销经理作为营销部最高负责人，应慎重对待安全责任书，确保能完全达到责任书中的要求。

【范例 34】

××酒店营销部消防安全责任书

为认真贯彻、执行、实施《中华人民共和国消防法》相关规定，经酒店安全委员会及行政办公室会议研究决定，由××××担任营销部防火负责人，对营销部消防安全负责。

特此备案

保安部防火责任人	营销部防火责任人
签名：	签名：
年　月　日	年　月　口

注：此责任书一式三份，存档一份，责任人一份，保安部一份。如有变动及时更改。

随手札记

【范例 35】

××酒店安全生产综合目标管理责任书

根据《酒店年度安全生产综合目标管理办法》，酒店安全生产领导小组特与营销部签订安全生产综合管理目标：

一、职工工伤事故

部门属下员工工伤事故，涉及医疗金额在1000元以上的为零。

二、火灾事故

部门区域不发生火灾事故，无重大火灾隐患。

三、其他事故经济损失指标

全年无损失2000元以上事故发生，全年累积不超过5000元。

酒店安全领导小组：　　　　营销部：

签 字 人：　　　　签 字 人：

年　月　日　　　　年　月　日

八、员工年度绩效考核

每月月底，营销经理就要在人力资源部的配合下，对营销部员工进行考核，并将考核记录在案，具体内容可见本书第三章相关内容。营销经理对员工的年终考核可参考月度考核结果。

表5-6　年度绩效考核统计表

营销部：　　　　　　　　　　　　　　　　　　　　考核年度：________年

姓名	岗位	月度绩效分												年度绩效分
		1	2	3	4	5	6	7	8	9	10	11	12	

制表人/日期：　　　　　　　　　　　　审批/日期：

随手札记

一日工作安排与落实

一周工作安排与落实

月度工作安排与落实

季度工作安排与落实

年度工作安排与落实

管理心得

管理心得，其实是酒店营销经理对自己个人工作的总结。可以是对某一个事件的看法，也可以是对某一项工作的实施计划；可以是成功的经验，也可以是失败的教训。

我的年度管理心得

已办事项	
未办事项	
待办事项	
通过本年度的工作，我最大的收获是：	

参考文献

[1] 戴斌，束菊萍，等．经济型饭店．北京：旅游教育出版社，2007．

[2] 宿春礼．星级酒店营销手册．北京：光明日报出版社，2006．

[3] 胡宇橙．饭店市场营销管理．北京：中国旅游出版社，2005．

[4] 胡宇橙，王文君．饭店市场营销管理．北京：中国旅游出版社，2005．

[5] 温晓婷．现代酒店知识与管理．北京：中国商业出版社，2000．

[6] 滕宝红．如何做一名优秀的酒店营销经理．广州:广东经济出版社,2005．

[7] 梭伦．宾馆酒店营销．北京：中国纺织出版社，2004．

[8] 赵永秀．经济型酒店营销推广．北京：中国时代经济出版社．2008．

[9] 钮先钺．酒店营运管理与实务．广州：南方日报出版社，2002．

[10] 徐文苑，王珑，窦慧筠．酒店经营管理．广州：广东经济出版社，2005．

[11] 何祖敏．新编现代酒店员工培训教材．广州：广东人民出版社，2002．

[12] 贺学良．饭店营销原理与实务．上海：上海人民出版社，2007．

成功经理人工作手册（服务业·制造业1～20册）

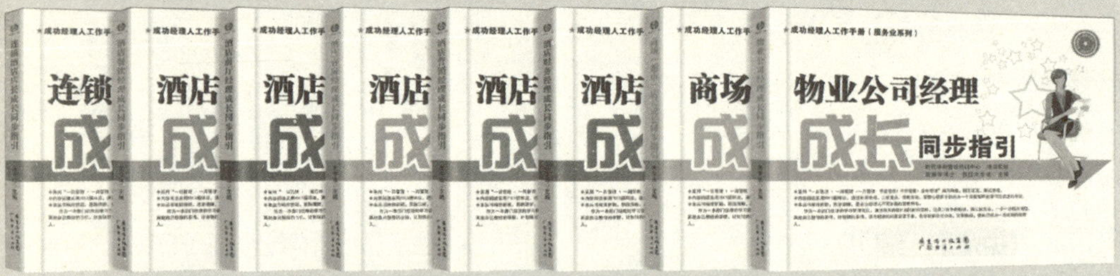

- ◆人力资源经理成长同步指引
- ◆生产经理成长同步指引
- ◆品质经理成长同步指引
- ◆采购经理成长同步指引
- ◆行政经理成长同步指引
- ◆仓库主管成长同步指引
- ◆物控经理成长同步指引
- ◆财务经理成长同步指引
- ◆外贸经理成长同步指引
- ◆销售经理成长同步指引
- ◆客服经理成长同步指引
- ◆技术经理成长同步指引

- ◆酒店餐饮经理成长同步指引
- ◆酒店客房经理成长同步指引
- ◆酒店前厅经理成长同步指引
- ◆酒店财务经理成长同步指引
- ◆酒店营销经理成长同步指引
- ◆连锁酒店店长成长同步指引
- ◆商场（超市）店长成长同步指引
- ◆物业公司经理成长同步指引

成功经理人365天管理笔记（服务业·制造业1～20册）

“成功经理人365天管理笔记”采用“一日管理＋一周管理＋月度管理＋季度管理＋年度管理”编写风格，图文并茂、形式活泼。内容阅读采用PDCA循环法，通过时间安排、工作重点、管理方法、管理心得四个部分为一个完整循环的学习方式进行导读。

- ◆酒店餐饮经理365天管理笔记
- ◆酒店客房经理365天管理笔记
- ◆酒店前厅经理365天管理笔记
- ◆酒店财务经理365天管理笔记
- ◆酒店营销经理365天管理笔记
- ◆连锁酒店店长365天管理笔记
- ◆商场（超市）店长365天管理笔记
- ◆物业公司经理365天管理笔记

- ◆生产经理365天管理笔记
- ◆品质经理365天管理笔记
- ◆采购经理365天管理笔记
- ◆行政经理365天管理笔记
- ◆人力资源经理365天管理笔记
- ◆仓库主管365天管理笔记
- ◆安全主任365天管理笔记
- ◆客服经理365天管理笔记
- ◆销售经理365天管理笔记
- ◆财务经理365天管理笔记
- ◆物控经理365天管理笔记
- ◆班组长365天管理笔记